H. SCHIRMER

Les Traités de Partage de 1894

En Afrique Centrale

(Extrait des *Annales de Géographie*)
(N°s 17, du 15 juillet 1895 et 20, du 15 Janvier 1896.)

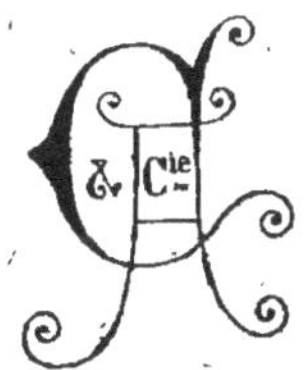

Armand Colin & Cie, Éditeurs

Paris, 5, rue de Mézières

H. SCHIRMER

Les Traités de Partage de 1894

En Afrique Centrale

(Extrait des *Annales de Géographie*)
(N°s 17, du 15 juillet 1895 et 20, du 15 Janvier 1896.)

Armand **Colin** & Cie, Éditeurs

Paris, 5, rue de Mézières

LES TRAITÉS DE PARTAGE DE 1894

EN AFRIQUE CENTRALE

(*Annales de Géographie*, n° 17. — 15 juillet 1895.)

L'année 1894 a vu se conclure trois traités de partage de la zone restée jusqu'alors indivise entre l'Oubangui, le Tchad, le Kameroun, le Nil. De ces trois conventions, l'une est déjà caduque; mais les deux autres subsistent, et il peut être utile, au point de vue géographique, d'essayer d'en mesurer les effets.

I. — LA CONVENTION FRANCO-ALLEMANDE DU 4 FÉVRIER

La convention franco-allemande a été la conclusion, en quelque sorte, d'une série d'événements géographiques qu'il est nécessaire de rappeler ici.

Au commencement de 1894, la situation respective de la France, de l'Angleterre, de l'Allemagne était en effet devenue singulière. Chacune d'elles s'était évertuée, dans cette partie de l'Afrique centrale, à se créer des titres à la possession de l'intérieur. La Compagnie Royale du Niger avait remonté la Bénoué jusqu'en amont de Yola, et revendiquait toutes les rives du fleuve; elle avait envoyé au Bornou la mission Mac-Intosh (1893), qui s'en était fait expulser après un court séjour.

L'Allemagne avait multiplié les expéditions pour réunir l'Adamaoua et le Chari à sa colonie du Kameroun. Kund, Tappenbeck (1888), Gravenreuth (1889), partis de la côte, avaient été arrêtés par l'hostilité des indigènes; le Dr Zintgraff (1889) et le lieutenant Morgen (1891), parvenus l'un au Bali, l'autre à Mega et Banyo, avaient dû se replier sur la Bénoué pour la même raison; le lieutenant de Stetten (1893) s'était enfin frayé une route directe[1] jusqu'à Yola, mais ne s'était pas avancé à l'Est de cette ville. Une nouvelle expédition, confiée au baron d'Uechtritz, et dont on n'avait pas encore de nouvelles, venait de remonter la Bénoué (octobre 1893) pour gagner à l'Est, et parer « aux progrès menaçants des Français[2] ».

Ceux-ci avaient à leur actif quelques succès retentissants. Par l'Oubangui, par le Sénégal, par le Niger, nos explorateurs étaient partis « à la conquête du Tchad ». Crampel, venu du Sud (1891), était mort avant d'avoir vu le Chari; M. Dybowski, envoyé à sa suite, n'avait pas dépassé Makorou (7°26′ de lat. N.); mais M. Maistre, parti

---

1. Par Banyo et Kontcha. (*Peterm.* 1894, p. 22.)
2. Passarge, *Bericht über die Expedition des deutschen Kamerunkomitees.* (*Verhandl. Erdk. Berlin*, 1894, p. 369.)

de la même région, avait atteint et suivi vers le Nord [1] une branche
supérieure du grand fleuve, puis gagné la Bénoué en décrivant vers
l'ouest un énorme demi-cercle jalonné de traités.

Dès l'année précédente, le lieutenant de vaisseau Mizon avait
remonté la Bénoué, et, par une marche en pays vierge de toute exploration européenne, relié Ngaoundéré, dans l'Adamaoua central, à nos
postes congolais de la Sanga. Depuis deux ans, M. de Brazza échelon-
nait les stations sur cette rivière ; un de ses agents, M. Ponel, avait
même repris jusqu'à Yola la route de Mizon en sens inverse (avril
1893). Entre temps, le commandant Monteil était entré à Kouka (9 avr.
1892), et M. Mizon fondait des stations à Yola et au Mouri, sur la
Bénoué moyenne, ce qui le mettait en conflit avec la compagnie du
Niger (nov. 1892-sept. 1893).

C'est alors que l'Angleterre inquiète avait essayé d'arrêter la France
par une entente directe avec l'Allemagne, signée le 15 novembre 1893.
Tous les pays à l'Ouest d'une ligne passant à l'Est de Yola pour aboutir
au Tchad à 35′ à l'Est de Kouka devaient appartenir à la zone d'influence
anglaise ; l'Allemagne avait champ libre à l'Est jusqu'aux anciennes
provinces égyptiennes du Bahr-el-Ghazal et du Dar-Four [2]. Mais ce traité
ne fut pas reconnu par la France, et l'Allemagne avait d'ailleurs à
s'entendre avec cette dernière pour compléter sa frontière du Kameroun du côté du Congo français. C'est dans ces circonstances que
fut signée à Berlin, après deux mois de négociations laborieuses, une
convention en 5 articles, dont le premier est ainsi conçu :

La frontière entre la colonie du Congo français et la colonie du Cameroun suivra,
à partir de l'intersection du parallèle formant la frontière avec le méridien 12°40
de Paris (15° Greenwich) ledit méridien jusqu'à sa rencontre avec la rivière Ngoko ;
la rive gauche de la rivière Sanga.

Elle suivra ensuite, en remontant vers le Nord, sur une longueur de 30 kilomètres,
la rive droite de la rivière Sanga ; du point qui sera ainsi déterminé sur la rive
droite de la Sanga. une ligne droite aboutissant sur le parallèle de Bania, à soixante-
deux minutes (62′) à l'Ouest de Bania ; de ce point, une ligne droite aboutissant sur
le parallèle de Gaza à quarante-trois minutes (43′) à l'Ouest de Gaza.

De là la frontière se dirigera en ligne droite vers Koundé, laissant Koundé à
l'Est, avec une banlieue déterminée, à l'Ouest, par un arc de cercle d'un rayon de
5 kilomètres, partant, au Sud, d'un point où il sera coupé par la ligne allant à
Koundé, et finissant, au Nord, à son intersection avec le méridien de Koundé.

De là, la frontière suivra le parallèle de ce point jusqu'à sa rencontre avec le
méridien 12°40′ de Paris (15° Greenwich).

Le tracé suivra ensuite le méridien 12°40′ Paris (15° Greenwich) jusqu'à sa rencontre avec le parallèle 8°30′ puis une ligne droite aboutissant à Lamé, en laissant
une banlieue de 5 kilomètres à l'Ouest de ce point ; de Lamé, une ligne droite aboutissant sur la rive gauche du Mayo-Kebbi à hauteur de Bifara. Du point d'accès à
la rive gauche du Mayo-Kebbi, la frontière traversera la rivière et remontera en
ligne droite vers le Nord, laissant Bifara à l'Est, jusqu'à la rencontre du 10° parallèle ;
elle suivra ce parallèle jusqu'à sa rencontre avec le Chari ; enfin le cours du Chari
jusqu'au lac Tchad.

1. Jusque vers 8°,30′ de lat. N.
2. Voir le texte, *Geog. Journal*, 1894, p. 42.

Les autres articles étendent aux eaux et aux routes du bassin du Chari et du Logone la liberté de navigation et de commerce déjà garantie par l'acte de Berlin dans les eaux du bassin du Niger, et assurent à chacune des deux puissances des compensations territoriales en cas d'inexactitudes possibles de la carte. En résumé, la convention fait deux parts de la région précédemment attribuée à l'Allemagne par l'Angleterre : elle laisse à l'Allemagne presque tout l'Adamaoua et les pays situés à l'Ouest du Chari inférieur; la zone d'influence française s'étend à l'Est, sur une distance non définie.

Cet accord a eu la fortune assez rare de trouver bon accueil dans les deux pays. Les plus chauds partisans de l'extension coloniale française ont déclaré qu'on ne pouvait espérer davantage, et c'est aussi le langage des coloniaux allemands[1]. Le *Mouvement géographique* de Bruxelles est plus élogieux encore. « La France, écrit M. Wauters, se voit en possession de la plus grande partie des rives du Tchad... A l'exception d'une minime section de sa rive gauche, le Chari devient un fleuve français. Le rêve des africanistes français est réalisé : l'Algérie est reliée au Congo par une ligne ininterrompue de possessions. C'est là un superbe résultat[2]... » Il est vrai que l'admiration du savant géographe n'est pas tout à fait désintéressée : « Il est à espérer que nos amis de France, qui viennent de s'assurer des empires immenses, se montreront coulants pour reconnaître aux Belges les quelques petits districts du Bomu et du haut Ginko, où ils sont établis depuis plusieurs années. » Nous aurons l'occasion d'examiner, à propos d'une convention ultérieure, les « petits districts » dont parle M. Wauters. Que sait-on des pays attribués à la France et à l'Allemagne?

On ne saurait demander aux voyageurs une évaluation précise de leur valeur. L'exploration préliminaire — celle qui découvre le pays, qui relève les routes, les centres de population, les zones de végétation et de cultures — n'a porté encore que sur la moindre partie de ces régions. Personne, à l'Est et à l'Ouest de la route suivie par M. Mizon, n'a vu les plateaux et les montagnes de l'Adamaoua méridional. Entre cet itinéraire et celui de M. Maistre[3], entre les points extrêmes atteints par Dybowski et Lupton au Nord de l'Oubangui, par Nachtigal, Purdy et Potagos au Sud du Ouadaï et du Dar-Four, il reste sur les cartes d'énormes espaces vides, que les informations de source indigène ont été impuissantes à remplir. A plus forte raison ne peut-on attendre de

---

1. H. Alis, *Nos Africains*, Paris 1894, p. 498. — *La Politique coloniale*, mars 1894. — *Gazette de Cologne*, 27 février 1894.

2. *Mouvement géog.*, 4 mars 1894.

3. M. Clozel, parti de la Haute Sanga (juin 1894), a exploré depuis la région au N. E. de Berberati. Son rapport, qui n'est pas encore publié, fournira les premières données dignes de foi sur la région entièrement inconnue comprise entre la Haute Sanga et le Logone.

ces explorateurs un inventaire des ressources exploitées ou exploitables, travail lent et multiple, qu'une mission de spécialistes peut seule fournir. Il ne s'agit donc pas de juger le pays d'après ces observations de la première heure. Ce sont seulement des indications, qui,

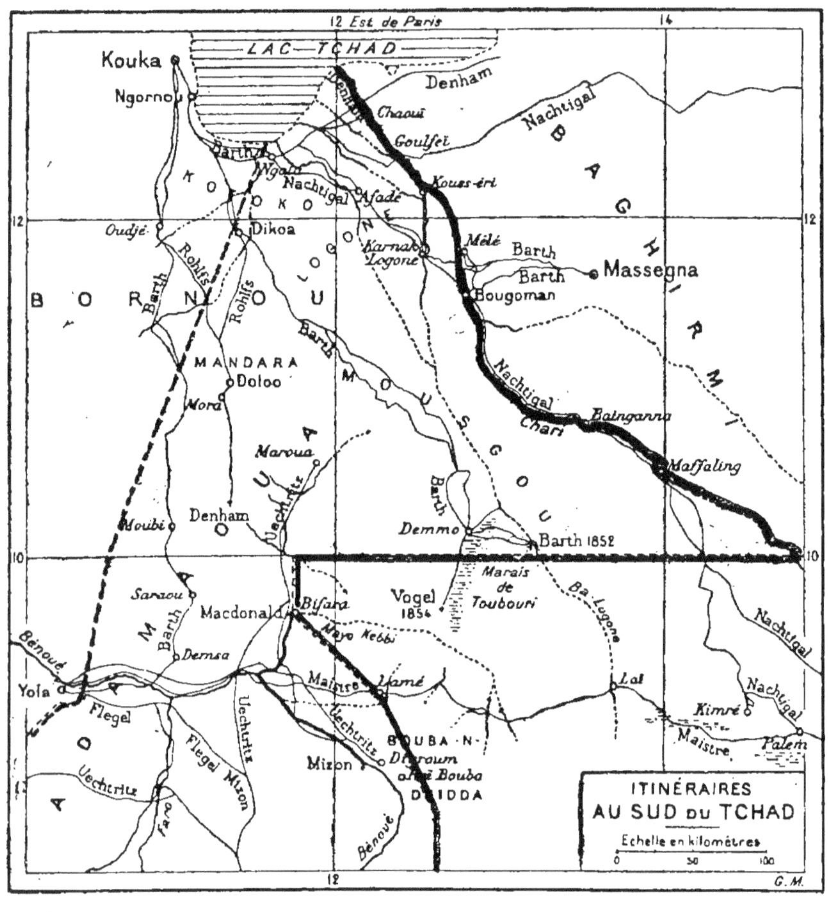

——— Frontière franco-allemande.
— · — · — Frontière anglo-allemande (non reconnue par la France).

si elles concordent, peuvent constituer une présomption pour l'avenir.

La zone allemande.

La partie septentrionale de la zone allemande est de beaucoup la moins mal connue. Cinq voyageurs, Denham, Barth, Vogel, Rohlfs, Nachtigal, et tout récemment la mission Uechtritz, l'ont parcourue. Le major Denham (1823) a pénétré au Sud de Kouka, par Dikoa et Doloo, jusqu'à Mousfeïa, dans les montagnes de l'Adamaoua septentrional.

L'année suivante, il a gagné le Chari, qu'il a descendu de Chaouï à son embouchure, puis est remonté au Sud jusqu'à Karnak Logone. Mais son récit est souvent vague, et sa topographie des plus incertaines. On a relevé des erreurs d'un degré et demi pour certains points de son itinéraire [1].

Barth a vu et décrit beaucoup plus de pays. En 1851, il va de Kouka à Yola, par le Sud du Bornou et la partie Sud-Ouest des monts de l'Adamaoua septentrional. L'hiver suivant, il s'avance au Sud-Est dans le pays des Mousgou, et ne s'arrête que vers le dixième parallèle aux marais de Toubouri et au fleuve Logone. En 1852, dans son voyage au Baguirmi, il va de Kouka à Karnak Logone, et traverse deux fois la Mésopotamie entre le Logone et le Chari. Barth, maître de la langue arabe et de l'idiome Kanori, a été un observateur incomparable. Les 500 pages [2] dans lesquelles il a consigné ses études à l'Ouest du Chari, et son itinéraire levé avec grand soin à la boussole sont restés la base de notre connaissance pour cette partie de l'Afrique.

Vogel, dans une excursion au pays des Mousgou, a dépassé Barth d'une trentaine de lieues dans la région des marais de Toubouri (1854). Mais il est mort au Ouadaï, et en dehors de quelques positions astronomiques, on n'a que quelques lettres de lui [3].

Rohlfs, parti de Kouka en 1866, a fait une pointe dans le Mandara jusqu'à Mora, au Sud de Doloo, et ajouté beaucoup d'observations précises aux vagues descriptions de Denham [4].

Seul, Nachtigal a traversé de part en part la zone allemande. Venu de Kouka à Karnak Logone, il a longé le Chari, et s'est avancé entre ce fleuve et le Logone jusqu'à Goundi, près du neuvième parallèle (1872). En 1873, il a passé au Sud du Tchad pour se rendre au Ouadaï, et a traversé le Chari à Goulfeï, en amont du point visité par Denham [5]. Enfin la mission Uechtritz, venue du Sud, a pénétré dans la même région [6]. Chassée de la Haute-Bénoué, elle a marché presque droit au Nord jusqu'à la ville de Maroua, située vers 10°40′ de latitude, au bas du versant oriental des monts traversés par Denham (23 déc. 1894). Que résulte-t-il des observations de ces divers voyageurs?

Du Tchad au dixième parallèle, ils ont vu tous une grande plaine, qu'échancre seulement au S. W. le massif montagneux de l'Adamaoua. Le sol est presque partout d'argile, sans une pierre; la pente

1. Voir Hassenstein, *Mémoire zur Karte von Inner-Afrika* (Peterm. *Ergänzungsband* II, p. 4.)
2. *Reisen und Entdeckungen in Nord und Central Afrika*, t. II, p. 434-756; t. III p. 112-280, 411-425.
3. Publiées dans *Peterm.*, 1856 et 1857.
4. *Reise durch Nord Afrika* (*Peterm., Ergänzungsband* VII, n° 34, p. 1-25).
5. *Sahara und Sudan*, II, p. 477-539; III, p. 24-30.
6. Voir la conférence de M. Passarge, géologue de l'expédition : *Bericht über die Expedition des Deutschen Kamerun-Komitees in den Jahren* 1893-94 (*Verhandl. Erdk. Berlin* 1894, p. 369-378 et carte).

vers le Nord est si faible, qu'à 450 kilomètres au Sud-Est du Tchad (district de Goundi), on ne se trouve encore qu'à une cinquantaine de mètres au-dessus du lac [1]. Ce fut jadis, à ce qu'il semble, le fond d'une nappe lacustre : Vogel a rencontré à 20 pieds de la surface, dans des puits situés à 120 milles au Sud de Kouka, la même couche de coquilles d'eau douce qu'on trouve à 6 pieds de profondeur dans la capitale du Bornou.

Sur cette argile presque horizontale, les pluies tropicales s'amassent et forment des marigots innombrables (*ngaldyam*). Partout on les rencontre, simples marécages sans profondeur, ou bras infranchissables qu'on prend pour des rivières, et qui, dans la saison suivante, se dessécheront lentement au soleil. Ils sont si nombreux chez les Mousgou, à l'Ouest du fleuve Logone, que Barth appelle ce pays une Hollande africaine [2]. Souvent l'inondation périodique s'étend davantage encore. Elle couvre des districts entiers au Sud-Ouest du Tchad, et pendant des semaines, la route de Kouka à Dikoa reste impraticable aux voyageurs [3]; dans le Nord du Mandara, Rohlfs pataugeant depuis trois jours dans un lac d'eau boueuse se demandait s'il existait ici des lits de rivière, et si les eaux ne s'épandaient pas plutôt en une seule nappe immense vers le Nord [4]. Puis, à partir d'octobre, la pluie cesse, et les *ngaldyam* disparaissent peu à peu, pompés par l'ardent soleil ; on voit alors apparaître un sol noir, fendillé, sans herbe (*firki*); il était devenu si dur, après quelque temps de sécheresse, que les lances des compagnons de Barth ne pouvaient l'entamer.

Le terrain que l'eau ne recouvre pas pendant plusieurs mois de l'année est en majeure partie le domaine de la forêt coupée de clairières. Les cultures, sorgho, maïs, tabac, coton, indigo, ne sont nombreuses que dans le Nord. Le riz pousse tout seul dans les marais. C'est dans le nord également (provinces de Kotoko et de Logone) que paissent les troupeaux de bœufs, d'ailleurs réduits à peu de chose par la grande épidémie qui a appauvri tout le Soudan [5]. Les forêts marécageuses du Sud sont le paradis des éléphants. En certains districts des confins du Logone et chez les Mousgou, vers le 11e parallèle, Barth avait peine à trouver un mètre de terre qui ne fût pas défoncée

<hr>

1. Évaluation de Nachtigal, II, p. 660. — Niveau du Tchad d'après Nachtigal : 270 mètres. — Cotes de Vogel : Tchad, 252 mètres; Dikoa, 258 mètres ; Adischam (11° lat.), 279 mètres; Toubouri, 289 mètres. — Cotes de la carte Maistre : district de Goundi (pays des Toummok), 367-398 mètres (320 mèt. d'après Nachtigal).
Ces chiffres, bien qu'ils ne soient pas strictement comparables, font ressortir suffisamment la faible inclinaison de la plaine. Les cotes de Rohlfs inscrites sur la carte de Lannoy de Bissy (Dikoa, 436 mèt. ; Doloo, 481 mèt.) sont évidemment trop élevées et devraient disparaître, d'autant plus qu'on a omis de reproduire la cote correspondante de Kouka, 360 mètres.

2. *Reisen*, III, p. 214-16.

3. Rohlfs a dû faire en septembre un grand détour à l'Ouest pour gagner le Mandara (Mémoire cité, p. 1). — Voir aussi Barth III, p. 219, etc.

4. Mémoire cité, p. 22. « Mandara, Ouandala » signifie marécage.

5. Nachtigal, *Sahara und Sudan*, II, p. 602, 734.

par leurs pieds gigantesques[1]. Il comprit aussi pourquoi le riz a si mauvaise apparence sur les marchés du Bornou : c'est l'éléphant qui glane le premier dans les rizières, et les Arabes Choua, qui font la récolte, s'accommodent de ses restes[2]. Nachtigal notait encore en 1872 le grand nombre des éléphants, et il est sans doute encore considérable, malgré les exportations d'ivoire.

Tout indique que dans ces bas-fonds la population ne saurait être dense. Nachtigal, qui a fait une étude spéciale des conditions ethnographiques, évalue à 750000 le nombre des habitants nègres du Bornou méridional (Kotoko), du sultanat de Logone, et des Mousgous soumis au Bornou[3]. En 1866, suivant Rohlfs, celui des gens du Mandara, ne dépassait pas 150000[4]. Qu'on ajoute à ces chiffres environ 100000 Arabes venus de l'Est[5], et quelques milliers de Foulbés, pasteurs venus de l'Adamaoua dans la plaine ; qu'on tienne compte dans la plus large mesure des Mousgous païens, dont les razzias diminuent constamment le nombre[6], et cette partie de la zone allemande n'en paraîtrait pas moins un des pays les moins peuplés du Soudan, si l'on n'entrevoyait au pied des montagnes des districts à population plus dense. La mission Uechtritz, dont nous possédons aujourd'hui un premier rapport[7], a pénétré vers Maroua dans une plaine où « l'on ne sortait pas, pour ainsi dire, des villes et des villages. Je reste plutôt au-dessous de la réalité, écrit M. Passarge, en disant que nous avons traversé ce jour-là une agglomération de deux à trois cent mille âmes. » Dans bien des pays tropicaux, l'homme occupe de préférence les premières terrasses des montagnes.

On ne sait presque rien encore de celles de l'Adamaoua septentrional. Denham est excusable de manquer de précision, après avoir perdu ses notes dans la mémorable journée où les Foulbés mirent toute l'armée bornouane en fuite, et où il échappa *in naturalibus* à la poursuite des vainqueurs. Barth n'a traversé que les districts de Moubi et Saraou au nord de Yola : ce sont des chaînes de granite dominant des vallées fertiles, où les cultures étaient restreintes par suite du manque de bras[8]. On ne sait encore rien de la marche de la mission

---

1. *Reisen*, III, p. 147, 155. — Vogel, art. cité, p. 137.

2. *Reisen*, III, p. 146.

3. Ouv. cité, II, p. 442.

4. *Reise durch Nord-Afrika*, p. 21.

5. Évaluation de Nachtigal (II, p. 138).

6. Denham, Barth et Vogel ont assisté chacun à une razzia de l'armée bornouane : 3000, 3800 et 4000 esclaves furent ainsi successivement ommenés. Or ces chiffres ne représentent que des femmes et des enfants au-dessous de 12 ans. Les hommes étaient purement et simplement massacrés (Denham, *Travels and Discoveries in Northern and Central Africa*, Londres, 1831, in-16, III, p. 116. — Barth III, p. 224. — Vogel, Mittheil. 1857, p. 131).

7. Passarge, *Bericht*, etc. (*Verh. Erdk. Berlin*, 1894, p. 372).

8. *Reisen*, II, p. 496, 523.

Uechtritz dans cette région, si ce n'est qu'elle a traversé un pays de gneiss, où s'élèvent jusqu'à 1500 mètres des masses de granite et de porphyre.

Au Sud de la Bénoué, la zone allemande comprend l'Adamaoua proprement dit. Ici, les informations de Barth et surtout les travaux de Flegel[1], qui a pénétré dans le Sud jusqu'à Ngaoundéré et Banyo (1882-84), se complètent des ouvrages de Zintgraff et de Morgen[2], et des résumés succincts des missions Mizon[3] et Uechtritz. Enfin, M. Maistre vient de publier le détail de sa marche de Lamé à Yola et à Ibi, sur la Bénoué moyenne[4].

Un grand plateau, dont le bord occidental se dresse à 15 et 1600 mètres, s'élève brusquement des plaines basses du Kameroun. Dans la région de Ngaoundéré, sa surface s'abaisse doucement vers le Sud; au Nord, il se termine au contraire par une muraille et fait place à cette zone tourmentée de montagnes[5], que coupe la vallée profonde où coule la Bénoué. Ici, rien ne rappelle l'aspect des pays du Chari. Point de marais, point de forêts vierges, même dans la zone que le fleuve inonde chaque année; sur les plateaux du Sud, des savanes de grandes herbes; aux flancs des hautes chaînes, les bois où domine le feuillage luisant des combrétacées; ailleurs, la brousse d'herbes, aux bouquets d'arbres peu serrés. Toute la vallée de la Bénoué, en amont du Mouri, est un immense pâturage semé de gommiers[6].

Les produits sont ceux du Haoussa, avec une variété peut-être plus grande : riz, sorgho, maïs, manioc, sésame, arachides, indigo, coton à courte soie; le froment réussit sur le plateau[7]; l'éléphant est encore commun dans les brousses désertes, et dans tout le pays on rencontre le cheval et le zébu; d'après Flegel, le fer, le zinc, le plomb sont, dès maintenant, travaillés par les indigènes[8].

La population paraît très inégalement distribuée. Les premiers occupants, nègres fétichistes encore indépendants dans quelques pays de montagnes, ont cédé les grandes vallées et les plaines aux Foulbés élancés, aux traits caucasiques, fils de cette race énigmatique de bergers devenus conquérants au cours de ce siècle, et qui depuis ont soumis tout le Soudan occidental. Pasteurs et guerriers, laissant le soin de la culture à leurs esclaves, ils ont fondé ici un état féodal, et bâti un certain nombre de villes, où des commerçants et ouvriers

1. Publiés dans *Peterm.*, 1883 et 1884.
2. *Nord-Kamerun*, 1892. — *Durch Kamerun von Süd nach Nord*, Leipzig, 1893.
3. Publié dans H. Alis, *Nos Africains*, Paris, 1894.
4. *A travers l'Afrique Centrale du Congo au Niger*. Paris, 1895.
5. Zintgraff (*Verh. Ges. Erdk. Berlin*, 1890, p. 221-29). — *Mittheil. aus deutchen Schutzgebieten*, 1894, n° 2. — Passarge, art. cité. — Mizon, ouv. cité, p. 328. — Flegel, *Peterm.* 1883, p. 244, etc.
6. Mizon, ouvr. cité, p. 215.
7. Flegel, *Vom Niger-Benue*, p. 107.
8. *Peterm.*, 1883, p. 244.

bornouans et haoussa les ont suivis[1]. Mais les grands troupeaux de bœufs qui paissaient dans l'Adamaoua ont péri ; les païens de la Bénoué, décimés ou convertis, ont presque cessé de fournir des esclaves, et les chefs foulbés des pays du centre se sont appauvris. Aujourd'hui, le sultan de Yola a moins de puissance que ses vassaux les chefs du Bouba-n-Djidda, de Ngaoundéré, du Tibati, enrichis par les razzias dans les pays païens de la périphérie[2].

Le commerce est d'ores et déjà considérable. Sur la Bénoué opère la Royal Niger Company, qui vient y chercher le caoutchouc, l'indigo, le sésame et surtout l'ivoire. Il est difficile, vu le secret dont elle s'entoure, de dire pour quelle part l'Adamaoua entre dans ses opérations ; d'après M. Mizon, c'est le seul territoire qui lui ait donné des bénéfices[3]. Dans l'intérieur, on trouve les marchands haoussas. Ils sont venus jadis à la suite des armées foulanes ; maintenant ils les précèdent. On les voit dans le Sud-Ouest sur le Zannaga (Nghila)[4] ; dans le Sud, sur la Sanga ; dans l'Est, sur le bas Logone. Un mouvement régulier de caravanes unit Kontcha et Tibati, dans l'Adamaoua méridional, à Kano, la métropole haoussa du Nord[5].

Tels sont à l'heure actuelle les principaux faits géographiques qui puissent contribuer à la connaissance de la nouvelle zone allemande. Il s'agit comme on voit, de deux contrées bien différentes : une plaine alluviale plus ou moins noyée, où l'agriculture et le commerce ne se sont développés que dans le Nord, et un massif montagneux qui paraît bien supérieur en population et en ressources, mais dont le Nord et le Sud — il importe de le remarquer — sont presque inconnus encore.

La zone française.

On est bien plus en peine de trouver des données précises au sujet des nouveaux territoires français.

Trois voyageurs seulement, Denham, Nachtigal et Barth, se sont avancés à l'Est au delà du Chari. Denham a passé le fleuve à Chaouï, et suivi la rive Sud du Tchad jusqu'à son extrémité orientale (juin-juil-

1. Voir pour l'histoire de l'Adamaoua, le très intéressant article de M. Mizon, *Les royaumes foulbés du Soudan central* (*Ann. de Géog.*, 15 avril 1895).

2. Le chef du pays montagneux de Bouba-n-Djidda, que la nouvelle frontière coupe en deux, à l'Est de la capitale Reï Bouba, était déjà en révolte contre son suzerain au temps de Barth ; au rapport de la mission Uechtritz, qui elle-même a été attaquée et forcée à la retraite, le chef actuel serait une sorte de Samory, qui étend chaque année son domaine par de nouvelles conquêtes (Passarge, rapport cité, p. 371). — Ngaoundéré est devenu plus populeuse que Yola. Elle compte, d'après M. Mizon 25 à 30 000 habitants tandis que Yola n'en a guère que 15 000.

3. Mizon, p. 254 : « Tant qu'elle est restée dans le Niger, elle n'a fait que végéter et couvrir ses dépenses. Il a suffi de la fondation de quelques stations dans la haute Bénoué, pour relever ses affaires et lui permettre de distribuer des dividendes. »

4. Passarge, p. 378.

5. Mizon, p. 254.

let 1824). Barth est allé de Karnak Logone à Massegna, capitale du Baguirmi, d'où il est revenu au Chari par une route un peu plus méridionale (mars-août 1852). Nachtigal, en 1872, n'a fait que suivre une partie de la rive orientale du fleuve ; en 1873, dans son voyage au Ouadaï, il a traversé la steppe au Sud du Tchad, dans la direction du lac Fitri. Plus tard, il a fait une excursion au Sud du Ouadaï jusqu'au Bahr-es-Salâmat, sur les confins du Dar-Rouna (août-octobre 1894). Enfin, dans l'immense région qui s'étend au Sud du dixième parallèle, deux itinéraires seulement, ceux de MM. Dybowski et Maistre, s'allongent comme deux fils à travers l'inconnu. C'est à ces voyageurs que sont empruntées les notions qui vont suivre.

A l'Est du Chari, on a trouvé la contrée aussi plate que celle qui s'étend sur l'autre rive ; toutefois, l'aspect est différent. Dans le Nord, vers le Tchad, c'est une steppe semée d'arbres et de quelques marigots où se déversent les crues du lac [1]. La végétation — acacias, *Zizyphus Spina Christi*, *Hyphaene Thebaïca*, *Salvadora Persica*, etc., — rappelle moins le Bornou méridional que le Kanem. La plaine est presque déserte, sans autres habitants que des nomades ; quelques collines de granite annoncent de loin le plateau rocheux qui la termine au Nord-Est du côté du lac Fitri [2].

Plus loin, dans le Baguirmi, Barth a retrouvé de ce côté du fleuve la forêt tropicale, tour à tour marécageuse et sèche, qui caractérise le Mousgou et le Logone ; une zone défrichée lui succède vers la capitale du pays. Seulement, au lieu d'argile, on trouve un sol sablonneux ou calcaire [3], et les effets de la saison sèche se font mieux sentir. Entre Bougoman et Massegna, Barth a fait route un jour entier sans trouver une goutte d'eau ; plus loin, les habitants des villages, craignant de voir s'épuiser leurs puits, l'en repoussaient avec des injures [4].

La population a été décimée par les razzias incessantes du Ouadaï et du Bornou. Au début de ce siècle, le roi Saboun, puis le chéikh El Kanemi brulèrent les villes et emmenèrent des populations entières, laissant d'énormes districts convertis en déserts [5]. Barth évaluait en 1852 le nombre des Baguirmiens à un million et demi ; Nachtigal estime qu'en 1872 ce nombre était bien diminué d'un tiers [6].

Les cultures sont ainsi restées restreintes, malgré les efforts des habitants. Du mil, du maïs, des fèves, du sésame, un peu de coton et d'indigo — beaucoup moins qu'au Bornou, — voilà tout ce que Barth et Nachtigal ont pu noter en 1852 et en 1872. Les ravages des insectes

---

1. Nachtigal, III, p. 32 et suiv.
2. Denham, *Travels*, III, p. 68. — Nachtigal, p. 35 et suiv.
3. Barth, III, p. 398.
4. *Id. ibid.*, p. 296-297.
5. Barth, III, p. 301. — D'après Denham, l'armée du Cheikh El-Kanemi aurait emmené ou tué plus de 30000 Baguirmiens.
6. *Sahara und Sudan*, II, p. 666.

se sont ajoutés aux déprédations des hommes. « On dirait vraiment, écrit Barth, que ce pays est puni des crimes de ses souverains passés. En aucune partie du Soudan je n'ai trouvé une aussi prodigieuse multitude de vers et d'insectes destructeurs. Il y a notamment le *halououendi*, un grand ver noir, aussi long et plus gros que la plus grosse chenille, qui vit ici par millions et dévore une portion très notable des produits du sol. On me montra aussi une insecte plus petit, mais non moins vorace, un scarabée jaune long d'un demi-pouce, dont les malheureux habitants se vengent, en le mangeant après qu'il s'est engraissé à leurs dépens. Quant aux fourmis noires et blanches, je leur ai fait pendant mon séjour une guerre aussi acharnée qu'infructueuse [1]... »

Le commerce ne paraît pas avoir jamais été actif. Le Baguirmi a été jusqu'ici sans communication directe avec les pays méditerranéens, car les pillards empêchent les caravanes de passer à l'Est du Tchad par le Kanem ; le peu d'articles européens que la population consomme lui parvient par l'intermédiaire des marchands de Kouka. L'ivoire est encore très abondant. Les dents du Baguirmi, blanches, dures et pleines, sont très estimées sur les marchés du Bornou [2].

Au Sud du dixième parallèle, la zone d'influence française s'étend aussi à l'Ouest du Chari. On retrouve ici la grande plaine boisée, au sol d'argile, qui se transforme en fondrière pendant les pluies. Jusqu'où se prolonge-t-elle dans l'Est ? On ne saurait le dire : Nachtigal a revu au Sud du Ouadaï, près du Bahr Salamat, les grands marais de boue visqueuse où l'on patauge pendant des jours : à cette époque, lui disaient les indigènes, les pluies rendent impraticable le Nord du Dar-Rouna [3]. — Toutefois la plaine alluviale se rétrécit rapidement dans le Sud, car dès 8°30' de latitude, dans la région de Mandjatezzé, l'itinéraire Maistre nous montre un terrain de nature toute différente. Ce sont des couches de cette limonite ferrugineuse déjà signalée sur tant de points de l'Afrique, qui, alternant ici avec des affleurements de roches anciennes [4], se prolongent en plateaux uniformes jusqu'au voisinage de l'Oubangui. La roche, cachée d'ordinaire sous une argile rougeâtre, produit de sa décomposition par l'atmosphère, affleure aussi en tables rases couvertes d'une herbe courte et rare, ou même absolument nues [5]. L'argile rouge porte une brousse de grandes herbes et d'acacias épineux ; on ne voit de forêt tropicale qu'au bord des

1. *Reisen*, III, p. 301-2.
2. Barth, III, p. 307. — *Nachtigal*, II, p. 664, 678.
3. *Sahara und Sudan*, III, p. 136, 182 et suiv.
4. Maistre, *A travers l'Afrique centrale*, pl. A, B. — Stanislas Meunier, *Aperçu sur la constitution géologique des régions situées entre Bembé et le pic Crampel, d'après les échantillons recueillis par M. Jean Dybowski* (*Acad. Sc. C. R.*; juill.-déc. 1892, p. 145).
5. Maistre, p. 48, 63, 144, etc. — Dybowski, *La route du Tchad*, p. 276, etc.

cours d'eau. Là, des fourrés épais poussent dans la terre noire des rives, et le feuillage des grands arbres forme parfois un dôme de 30 mètres de hauteur[1] : c'est la forêt à galerie que Schweinfurth et Junker nous ont appris à connaître. Dans les fonds, les pluies s'amassent sur ces couches imperméables, et l'on voit se reproduire ici les marais périodiques qui inondent les plaines argileuses du Nord. M. Maistre et ses compagnons ont cheminé pendant des jours dans les nappes d'eau boueuse, et au moment de leur passage, au commencement d'octobre, un seul et même marécage unissait peut-être le Gribingui au Bahr Sara et au fleuve Logone[2]. M. Maistre a trouvé en effet à l'Ouest du Bahr Sara un marigot, le Bahr Namm, allongé à perte de vue, dans la région même où Barth et Nachtigal, d'après les dires des indigènes, avaient signalé une bifurcation possible du Chari vers le Logone[3].

M. Maistre a trouvé sur son parcours une série de tribus isolées par des marches-frontières, laissées volontairement désertes, et qui ont jusqu'à 100 kilomètres de largeur[4]. Les cultures qu'il a vues étaient des plus restreintes : les « immenses plantations » (pays Saras et Gabéris) dont il est question dans sa relation de voyage, et qui « peuvent rivaliser avec les champs les mieux cultivés de France », ne méritent pareil éloge que par contraste avec la pauvreté des pays environnants : l'auteur constate plus loin que ces cultures exceptionnelles couvrent des espaces... de plusieurs hectares[5]. Elles sont d'ailleurs réduites à quelques plantes alimentaires. On trouve le coton, le café, le riz à l'état sauvage[6]. Les éléphants abondent.

Dans l'extrême-Ouest, enfin, la zone d'influence française comprend la partie orientale de l'Adamaoua et de la région de la haute Sanga. De la première on ne connaît rien encore : c'est la portion inexplorée du pays de Bouba-n-Djidda. Quant à la Haute-Sanga, il faut attendre la publication des travaux de M. de Brazza. Les rares communications parvenues en Europe à ce sujet laissent entrevoir vers 6° de latitude des plateaux salubres, où l'on trouve le blé, le cheval et les troupeaux de bœufs des Foulbés[7].

II

On vient de passer en revue les données positives qui nous semblent devoir jeter quelque lumière sur ces régions peu connues. Que promettent-elles aux deux nations qui les ont prises en partage ?

1. Maistre, p. 113, etc.
2. Maistre, p. 149, 157 et suiv.
3. *Ibid.*, p. 162, 272.
4. *Ibid.*, p. 274.
5. *Ibid.*, p. 173, 188, 273.
6. *Ibid.*, p. 273, etc. Dybowski, p. 276.
7. *Bull. Comité Afr. franç.*, 12 novembre 1894.

Une colonie d'échanges ou de plantations ne se développe dans l'intérieur, que si ses produits ne peuvent être obtenus aux mêmes conditions sur la côte, et sont rémunérateurs en dépit de la longueur du transport. A ceux qui sont tentés de méconnaître cette vérité élémentaire, il suffit de rappeler l'exemple du Haut-Congo. On n'y cherche actuellement que le caoutchouc et l'ivoire, et pour étendre l'exploitation à d'autres articles, les Belges sont obligés de construire un chemin de fer. La colonisation des deux zones française et allemande se développera de même, en raison directe de la valeur des produits et de la facilité des communications avec la mer. Que valent-elles sous ces deux rapports?

Dans les plaines du Chari, aucun des produits connus des cultures n'est aujourd'hui de nature à intéresser le commerce européen. Seuls, l'ivoire, qui vaut 13 000 francs la tonne, et le caoutchouc, qui en vaut 7 000, peuvent supporter les frais du transport à dos d'homme. Quels produits l'Européen pourrait-il y ajouter plus tard? Barth, saisi d'enthousiasme devant cette violente fécondité de la terre, a parlé des « richesses enfouies en ce sol[1] ». Mais les cultures dont il prévoit « l'extension indéfinie » sont précisément celles qui renferment le moins de valeur sous le plus de volume : le coton et le riz[2]. Le blé supporte mal la violence des pluies tropicales, et ne peut être planté qu'en saison sèche, à l'aide de l'irrigation[3]. Il ne réussira donc guère au Logone et au Baguirmi, tout comme il manque dans la plaine du Gange en aval de Bénarès. Il y a peut-être moins de richesse enfouie dans ces plaines aquatiques, que sur les pentes et terrasses des massifs qui les dominent. C'est entre 400 et 1 200 mètres que réussissent le mieux le café, le cinchona et autres espèces précieuses dont on a commencé la culture en Afrique équatoriale.

L'Adamaoua, à ce point de vue, promet donc davantage — beaucoup plus aussi que les plateaux de roche ferrugineuse, où la fréquence des marais se combine avec la pauvreté du sol. M. Maistre a noté au sortir de ces plaines l'impression de fertilité et de richesse que lui firent les paysages de la Bénoué[4]. Mais le plus grand avantage de l'Adamaoua est son fleuve.

Il porte en toute saison les vapeurs jusqu'à Ibi, à 1 100 kilomètres

---

1. *Reisen*, III, p. 130.

2. A cet égard, la plaine argileuse du Logone et du Chari ne vaut certainement pas le Bornou central. Ce dernier, dont le sol meuble absorbe l'eau pluviale, donne des récoltes très belles, obtenues sans effort. Les plaines imperméables du Sud, qui reçoivent plus de pluie et la retiennent toute à la surface, se prêtent bien moins à toutes les cultures autres que le riz. Le Nord du Baguirmi, sablonneux et où l'irrigation est possible, rappelle au contraire les conditions de culture du Bornou central.

3. Il est si peu cultivé au Baguirmi et au Logone, qu'il n'y est connu que sous le nom arabe : el Kameh (*ibid.*, p. 262).

4. *A travers l'Afrique centrale*, p. 273.

de la mer. Les pluies de l'été enflent d'une dizaine de mètres sa nappe majestueuse, sous laquelle les rives disparaissent : en 1851, Baikie navigua ainsi pendant plusieurs milles à côté du fleuve, sans se douter qu'il en avait dépassé le bord. C'est alors — de juin à octobre — que les vapeurs montent à Yola et à Garoua, les stations du haut fleuve[1]. Les eaux restent hautes une quarantaine de jours (20 août-fin septembre) puis baissent brusquement[2]. Sans doute, cette navigation est loin d'être facile : les crues dont la hauteur varie d'une année à l'autre, les bancs de sable qui se déplacent, les troncs d'arbre qui se dressent comme des pieux au fond du lit, expliquent la fréquence des échouages et autres accidents. La Bénoué n'en est pas moins en Afrique une voie de commerce hors de pair : aucun autre fleuve africain, même pas le Niger lui-même, ne permet de pénétrer si loin dans l'intérieur.

A côté de ce débouché sur l'Atlantique, l'Allemagne en possède deux autres sur les réseaux du Congo et du Chari. Elle trouve accès sur la Sanga, cette grande rivière de douze à quatorze cents kilomètres, la quatrième sur la liste des grands affluents du Congo. Le peu que nous en savons permet déjà d'en apprécier l'importance. C'est elle qui, sous le nom de Kadéi, draine le plateau de Ngaoundéré[3] ; en tout temps les vapeurs remontent du Congo aux rapides d'Ouesso, et à condition de s'alléger à ce passage, jusqu'à Bembé, au confluent de la Kadéi et de la Mambéré. La colonie allemande, qui possède en aval de ce point 30 kilomètres de rive, est ainsi reliée aux 15 000 kilomètres de voies navigables du Congo. Elle peut utiliser enfin le réseau du Chari.

On est loin d'être fixé sur la valeur de ce dernier réseau, dont on n'a même pas encore démêlé la ramure. Nachtigal a évalué le débit annuel du Chari à 60 milliards de mètres cubes — 2 000 mètres à la seconde ; mais ce chiffre repose sur une série d'estimations absolument incertaines. Peu importe d'ailleurs, pour le commerce, le débit moyen d'un fleuve, total où se confondent toutes les inégalités de son régime. Ce sont celles-ci qu'il est intéressant de définir. Voici les quelques données qui peuvent être tenues pour certaines.

Le Chari, tel qu'on le connaît à partir de Maffaling, vers 10°30' de latitude, est un fleuve à crue régulière, qui atteint son maximum en septembre ou octobre, et son niveau le plus bas au printemps, avant le début des pluies[4]. D'après Barth, l'écart est de plus de 12 mètres à

---

1. Flegel (*Peterm.*, 1883). — Maistre, p. 273.
2. Barth, II, p. 566. La baisse des eaux a commencé en 1854, le 3 octobre, en 1891, à Garoua dès le 28 septembre (Baikie, *Narrative of an exploring voyage*, etc., p. 230). — Mizon, ouv. cité, p. 301.
3. Flegel avait pris la Kadéi pour une branche supérieure de l'Ogooué.
4. Nachtigal, II, p. 356. Il convient de rappeler qu'au 10e parallèle, les pluies commencent dès le mois d'avril.

la hauteur de Karnak Logone; le fleuve inonde ainsi périodiquement une partie de ses rives, parfois jusqu'à plusieurs lieues dans l'intérieur. Aux basses eaux, le 18 mars 1852, Barth lui a trouvé à l'Est de Karnak Logone 4 mètres et demi de profondeur; le 21 mars 1872, à Miskin, et le 26, à Bainganna, au Sud du onzième parallèle, Nachtigal mesurait encore 3 à 4 mètres dans le chenal principal[2]. Toutefois les indigènes signalent à cette époque quelques endroits guéables, même en aval du confluent du Ba-Logone[3]. Quoi qu'il en soit, il ne semble pas téméraire de dire que le Chari inférieur est navigable pendant la plus grande partie de l'année. Jusqu'où cette navigation pourra-t-elle se poursuivre? On ne peut encore que risquer à ce sujet une conjecture. M. Maistre a suivi du Sud au Nord, sur environ 100 kilomètres, une grande rivière, le Gribingui, qu'il a quittée vers 8°30' de latitude, et dont la connexion avec le Chari peut ainsi être tenue pour certaine. Ce Gribingui avait alors partout une profondeur de plusieurs mètres, et ni chutes ni rapides n'interrompaient son cours[4]. On ne saurait affirmer qu'il en est ainsi en aval, mais le fait est probable. Du moins les cotes d'altitudes de l'itinéraire Maistre, qui restent sensiblement les mêmes depuis le Gribingui jusqu'à la plaine traversée par Nachtigal[5], permettent d'augurer que le fleuve n'a plus de gradin à descendre dans cette partie inconnue de son cours.

Aucun voyageur n'a encore suivi le Ba-Logone, le grand affluent du Chari inférieur; il n'est connu que sur 3 points; à Laï, à l'Est de Demmo, enfin à Karnak-Logone. Barth et Nachtigal, qui l'ont vu en cette ville à la même époque de l'année, à 20 ans de distance, l'ont trouvé, l'un large de 600 pas et profond de plus de 2 mètres, l'autre large de 500 et profond de 1m,50 [6]. Mais les eaux baissent jusqu'en mai, et Barth a entendu dire qu'il est alors guéable, même vers le confluent[7]. Par contre il peut devenir plus puissant que le Chari lui-même[8], et le 23 novembre, à Laï, il avait encore une douzaine de mètres de profondeur[9].

On ne sait encore presque rien des autres branches du Chari. Le Bahr Sara, que M. Maistre a trouvé profond de 3 mètres, le 20 octo-

<hr>

1. Barth, III, p. 289. — Nachtigal, II, p. 744, 567, etc.
2. Barth, III, p. 284. — Nachtigal, II, p. 564.
3. Nachtigal, II, p. 356. Dans le Delta, le fleuve semble devenir moins profond : le 28 janvier, à l'époque des eaux moyennes, Denham n'a trouvé que 3 à 10 pieds d'eau dans le bras principal.
4. *A travers l'Afrique centrale*, p. 270.
5. Altitudes de la plaine du Gribingui vers 8°30' : 394-378 mètres; de la plaine de Goundi et de Palem : 377-398 mètres.
Ces chiffres ne sont, bien entendu, que des indications très relatives. On sait combien il faut se méfier de ces observations barométriques faites en cours de route, alors que l'erreur possible atteint 80 mètres, même en cas d'observations prolongées.
6. Barth, III, p. 276. — Nachtigal II, p. 522.
7. Barth, III, p. 190.
8. Nachtigal l'a vu tel le 23 août à Logone (II, p. 746).
9. Maistre, p. 200, 272.

bre, à la fin des pluies, n'est évidemment qu'une rivière secondaire [1] ; mais quelle sera l'importance des branches orientales, Ba Mingui, Bahr-el-Arah, Bahr-el-Abiad des indigènes, rivière qu'ils disent profondes au moins d'un mètre et demi en saison sèche, et de ce Bangoula, sur lequel M. Dybowski a dû construire un pont aux basses eaux ?

En somme, le Chari représente dès maintenant une voie navigable de 400 kilomètres, qui se prolonge encore, selon toute apparence, sur plus de 400 kilomètres, et que rejoint au moins une rivière accessible sur un long parcours. L'Allemagne avait donc tout intérêt à étendre sa colonie jusqu'à ses rives, et à posséder le droit de libre navigation dans ses eaux.

La nouvelle zone française du bassin du Chari n'a point de fleuve qui puisse porter ses produits jusqu'à la mer. Il est vrai que nous avons « conquis » le Tchad, que, suivant une formule qui a fait fortune, nous avons fait un tout du Congo français, de l'Algérie et du Sénégal. Un groupe d'hommes généreux s'est dévoué à la réalisation de ce rêve ; pour elle, des vaillants comme Crampel sont morts. Ne craignons-nous pas d'être séduits par un mot ? Il y a de l'illusion à croire qu'on possède une seule colonie, alors qu'on s'est installé aux deux bouts d'une ligne de 3 000 kilomètres, et que le Sahara se trouve dans l'intervalle. A travers le désert qui sépare deux mondes, un transsaharien même ne jouerait guère d'autre rôle qu'une ligne de paquebots qui traverse la mer.

Le Tchad lui-même n'est qu'un cul-de-sac sans rive certaine, mare immense qui avance et recule au gré des fleuves qui s'y déversent, et dont il faut désespérer de tracer jamais les contours [2]. Barth nous a conté sa déception, lorsque arrivé au Bornou, il voulut aller voir la grande nappe liquide : « Nous avancions rapidement, mais ne voyions pas de lac, rien qu'une interminable plaine verte, sans un arbre à l'horizon. L'herbe devenait de plus en plus épaisse ; enfin nous arrivâmes à un marécage sans profondeur, dont les contours irrégu-

---

1. Ouv. cité, p. 158. —Chose curieuse, le Bahr Sara de M. Maistre est certainement le fleuve qui d'après les informateurs indigènes figure le cours supérieur du Chari sur les cartes de Barth et de Nachtigal. Dans les deux cas, les villages Saras de Daï et de Koumra sont placés à proximité de la rive gauche du fleuve. De plus, c'est un peu au Sud de Daï que Nachtigal signalait une communication possible du Chari et du Logone, et que M. Maistre a trouvé effectivement un marigot qui, d'après les indigènes, unit ce dernier fleuve au Bahr Sara (Barth, V, carte. — Nachtigal, II, p. 663 et carte. — Maistre, p. 272). M. Maistre identifie le Bahr Sara avec le « Bahr Kouti » de Nachtigal (p. 159). Il convient de remarquer que Nachtigal ne cite qu'un Bahr Koûta, sur lequel il a été renseigné par un homme de ce pays d'El-Kouti où est mort Crampel. Ce Bahr Koûta, décrit comme un fleuve « plus puissant que le Chari, riche en hippopotames et en crocodiles, plein d'îles habitées », coulant enfin dans la direction de l'Ouest à quelques journées au Sud du Kouti, ne peut guère être identifié qu'avec l'Oubangui lui-même.

2. Barth, II, p. 406.

liers dentelaient les terres. Nous cherchâmes longtemps sans succès à en sortir, et après avoir en vain écarquillé mes yeux pour apercevoir un petit coin d'eau libre, je m'en retournai et dus me contenter de cette maigre preuve de la présence de l'humide élément [1]. » Trois ans après, lorsque Barth revint dans ces parages, la plaine d'herbes avait fait place à un étang profond [2]. Mais alors même on apercevait au loin d'autres étendues d'herbes, et le voyageur ne vit pas le lac se dérouler à l'horizon. Toute la partie orientale du Tchad n'est qu'un fouillis de marigots et d'îles, et il arrive que des caravanes passant de l'une à l'autre, aillent directement des bouches du Chari au Kanem, et traversent ainsi le lac sans s'en apercevoir [3]. On imagine la quantité de miasmes qui se dégagent de cette contrée. Quant aux insectes, ils sont en tel nombre, qu'au Sud du lac par exemple, Denham ne pouvait vivre qu'en s'entourant de fumée [4]. Mieux vaudrait certainement ne rien posséder de ces rives, et avoir sur la Bénoué un port d'embarquement vers la mer.

Bien des personnes ont cru que c'était chose faite, puisqu'un affluent de la Bénoué, le Mayo Kebbi, est coupé par notre frontière. « Bifara, dit le rapport présenté au Sénat sur la convention franco-allemande, est située sur le Mayo-Kebbi, affluent reconnu navigable de la Bénoué, de sorte que par ce point les communications nous sont assurées entre les bassins du Niger et du Chari. [5] » La *Politique Coloniale* cite de même parmi les avantages concédés à la France « la faculté d'utiliser le Niger [6]. » — Il fut un temps, en effet, où ce Mayo Kebbi éveilla les espérances de l'Europe. Barth avait recueilli en 1851 dans l'Adamaoua cette information retentissante : « Bifara, avec un petit fleuve qui ne tarit jamais, le Mao Kebbi, qui a la plus grande importance, car il constitue par l'intermédiaire du Logone une ligne de communications naturelles entre les bassins du Niger et du Tchad [7]. » L'hiver suivant, Barth avait en effet découvert chez les Mousgous sous le dixième parallèle un long marigot, le Toubouri qui, au dire des indigènes, communiquait avec le Logone, et Vogel, en 1854, avait vu plus loin s'étendre à perte de vue un bassin semblable, dont la profondeur augmentait vers le Sud [8]. Barth en concluait qu'une bifurcation du Toubouri vers la Bénoué et le Logone

1. Barth, II, p. 407.
2. Barth, III, p. 418 — II, p. 407.
3. Nachtigal, II, p. 351. Voir, sur la partie française des rives du Tchad, Denham, III, p. 70 : *the swamps which surround the Tchad*, etc.
4. Denham, III, p. 72.
5. Rapport de M. de Courcel (reproduit dans *Bull. Comité Afr. fr.*, 1894, p. 110).
6. Voir aussi H. Alis, *Nos Africains*, p. 552 : « Non seulement le Congo prolongé remonte jusqu'au Tchad, mais nous possédons un point sur la Bénoué. »
7. Barth, II, p. 726.
8. Barth, III, p. 182 et suiv. — Vogel (*Peterm.*, 1857, p. 132).

était au moins vraisemblable, et depuis, Flegel, Mizon, Maistre, ont rapporté à ce sujet des informations contradictoires[1]. La question n'a plus qu'un intérêt de curiosité aujourd'hui. Peu importe que le marais de Toubouri unisse ou non les bassins du Chari et du Niger, car le Mayo Kebbi *n'est pas une voie navigable*. Le major Macdonald, qui a essayé de le remonter en août 1890, au moment des plus hautes eaux, a dû s'arrêter à Kakou, en un point où la rivière s'élargit en lagune. *Il ne put même gagner l'extrémité orientale de cette lagune*, où se trouve la ville de Bifara[2]. M. Mizon, en septembre 1891, n'est même pas arrivé si loin : son embarcation a rencontré un seuil à quelques heures en amont du confluent de la rivière. « Souvent, écrit-il, le Mayo Kebbi ne reste haut que pendant quelques jours et baisse brusquement... » En janvier, lui dit-on, tout le lit inférieur est à sec[3]. Ces renseignements sont concluants. Si la France peut utiliser un jour la Bénoué comme débouché de sa colonie nouvelle, c'est grâce à la clause qui lui donne la libre disposition des routes de terre dans cette partie du territoire allemand. Quant au bassin du Chari supérieur, la Sanga et le Bahr el Ghazal resteront probablement les voies d'accès les plus faciles.

Ainsi, c'est du moins ce qui ressort de cette brève enquête, la partie connue de la nouvelle zone française offre à la colonisation moins de promesses que la partie connue de la zone allemande de l'Adamaoua. Pourquoi, demandera-t-on, n'a-t-on pas fait valoir les droits acquis par l'héroïque persévérance du lieutenant Mizon? Pourquoi avoir abandonné le plateau au Sud de Ngaoundéré, où pas un Allemand n'a inscrit sa trace, et une partie de cette Sanga, notée tout entière sur les cartes par des mains françaises? La compétence de nos plénipotentiaires était cette fois hors de doute. Mais ils étaient liés par une convention antérieure, du 24 décembre 1885, qui avait arrêté jusqu'au 15e degré de longitude E. de Greenwich la limite du Congo français et du Cameroun ; Ngaoundéré et la route de Mizon jusqu'à Koundé restent au nord de cette ligne frontière. C'est là un effet de ce petit jeu de hasard auquel s'est tant complue la diplomatie européenne, et qui consiste à se partager un morceau d'Afrique avant de savoir ce qu'il contient.

En constatant que nos informations actuelles sont peu favorables à la nouvelle colonie française, rappelons encore qu'elles ne sauraient en préjuger l'avenir. Nous n'en connaissons encore, il est bon de le remarquer, que les parties plus ou moins noyées, les moins

---

1. Barth, III, p. 199. — Flegel (*Peterm.*, 1883, p. 245) : « L'hypothèse de Barth, d'après laquelle le Mao Kebbi a double écoulement pendant quelques mois de l'année, vers le Tchad et vers l'Atlantique, m'est confirmée partout dans l'Adamaoua. »

2. *Proceed. R. Geog. Soc.* 1891, p. 449.

3. *Nos Africains*, p. 304.

attrayantes; les terrasses et les montagnes, les pays des cultures variées et des mines restent à explorer ou à découvrir. Que penser aujourd'hui des montagnes ouadayennes, à peine entrevues par Nachtigal? Que vaudront un jour ce massif de Guéré, qu'on signale à l'Est du Baghirmi, couvert de bois, de champs et de villages, et ce pays montagneux de Kordol, qui s'élève au Sud du Dar-Four, et ces monts Marpa et Châla, dont Potagos a vu les crêtes bleuâtres, et à l'orient desquels le cuivre affleure à Hofrat-en-Nahas? Que des missions françaises, imitant les *prospectors* de M. Cecil Rhodes, s'avancent pour inventorier ces régions inconnues, et il sera temps d'apprécier en meilleure connaissance de cause cette zone septentrionale du Congo français.

Juillet 1895.

(*Annales de Géographie*, n° 20. — 15 janvier 1896).

II. — LE TRAITÉ FRANCO-CONGOLAIS DE 1894, ÉTUDE DES PAYS SITUÉS A L'OUEST DU HAUT-NIL

Peu de pays ont exercé autant d'attraction sur l'Europe que la contrée située à l'ouest du Haut-Nil. D'abord mystérieux Eldorado des chasseurs d'hommes et d'ivoire; un moment ouverte à l'action civilisatrice de l'Europe alliée à l'Égypte, ayant eu à cette époque la double bonne fortune de tenter la science d'un Schweinfurth et l'héroïsme d'un Gordon; puis reconquise par la coalition des négriers et des mahdistes, ravagée, dépeuplée, rendue à la pire des barbaries, elle est restée malgré tout attirante et convoitée. Chassés du Nord, les Européens y sont rentrés par le Midi; Emin est revenu rôder autour de son ancienne province; l'État du Congo y a envoyé en secret ses meilleurs soldats, et, en 1894, trois puissances ont négocié deux conventions successives dans le seul but de s'y ménager des droits pour l'avenir.

On se souvient de l'émotion provoquée par la première. Le 12 mai 1894, en échange d'une cession de territoire au sud du lac Albert-Édouard, l'Angleterre reconnaissait comme frontière de l'État indépendant la crête de partage des eaux du Congo et du Nil à partir du lac Albert; de plus elle donnait à bail, soit à l'État, soit au roi Léopold lui-même, tout le versant ouest du Nil jusqu'au 25° méridien de Greenwich et au 10° parallèle, c'est-à-dire les trois quarts de l'ancienne Province équatoriale et presque tout le Bahr-el-Ghazal. La France protesta et obtint de l'État du Congo la convention du 14 août: la rive gauche du Bomou devint la limite de l'expansion congolaise à l'ouest de la ligne de faîte, et du côté du Nil l'État indépendant s'engageait à ne pas étendre son action au delà du 30° méridien à l'Ouest, et du 5° 30′ de altitude au Nord. On a amplement commenté ces traités au point de vue politique, mais il n'est pas superflu de chercher où en est la reconnaissance scientifique de ces pays, d'en déterminer les lacunes et de poser quelques points d'interrogation pour l'avenir.

Région de l'Itouri et de l'Ouellé supérieur.

Le territoire acquis par le Congo à l'ouest et au nord du lac Albert n'est encore quelque peu connu qu'en ses deux extrémités. Au sud, c'est la région de l'Itouri ou Arouwimi supérieur, traversée par Stanley, dans sa marche mémorable vers le lac Albert, et dans laquelle Emin et Stuhlmann ont pénétré depuis (1891). Au nord se trouve le pays de montagnes où l'Ouellé prend ses sources, imparfaitement reconnues par Junker [1]. Il est vrai que l'expédition Van Kerckhoven a séjourné ici (1892) et gagné par une route nouvelle Ouadelaï sur le haut Nil; mais les Belges ont jalousement gardé le secret de leurs découvertes, et aucun rapport n'est venu répondre à l'attente des amis de la géographie.

Entre ces deux districts, au delà de ces monts Schweinfurth qui barraient à Junker tout l'horizon du sud, la carte est blanche jusqu'à l'Oussagora, point extrême atteint par Emin. On ne sait si les eaux vont à l'Arouwimi, comme l'indique la carte de Stanley [2], ou au Bomokandi et à l'Ouellé, comme se le demandait Junker. Emin et Stuhlmann n'ont pu remonter l'Itouri perdu dans la forêt vierge, ni recueillir aucune information dans ce pays transformé en désert.

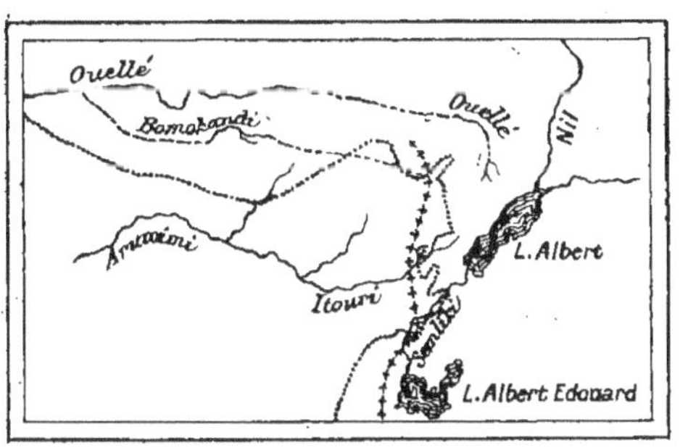

Quoi qu'il en soit, toute cette région fait partie d'une des zones les plus intéressantes du continent noir; c'est là que la grande forêt vierge de l'Afrique occidentale fait place aux savanes herbeuses des plateaux du Haut-Nil. La ligne que Stanley lui assignait comme limite a déjà changé de place sur la carte dressée à la suite de l'expédition d'Emin: coupant la Semliki, elle englobe l'Itouri en contournant à distance la rive ouest du lac Albert, puis se replie vers le nord-ouest dans la direction du Bomokandi [3]. Lorsque, marchant vers l'Est, on dépasse cette ligne, on voit tout à coup disparaître le dôme de feuillage qui depuis le Congo masquait le ciel; on est maintenant dans un pays de collines couvertes d'herbes jaunâtres à perte de vue. Point d'arbres, en dehors des « forêts à galerie », qui mettent un ruban de verdure le long des cours d'eau; les sommets même restent sans un buisson : c'est le plateau granitique des Lendou et des A-Lour, dont la haute falaise domine la rive ouest du lac Albert [4].

D'où vient cette singulière et brusque démarcation? Le plateau Len-

1. *Junker's Reisen in Afrika*, Vienne 1889, tome I, p. 521 et suiv.
2. *In darkest Africa*, Londres 1890, tome II.
3. Stuhlmann, *Mit Emin Pascha ins Herz von Afrika*. Berlin, 1894.
4. Ibid., p. 331, 338, 402 et suiv.

d'ou ne dépasse pas une hauteur de douze à quinze cents mètres, et la forêt tropicale peut s'élever à de bien autres altitudes. Il n'y a point ici de chaîne qui puisse intercepter l'humidité de la région congolaise, et jouer, comme le Rounsoro, le rôle d'un gigantesque écran. D'ailleurs cette savane ne ressemble en rien à certaines steppes de l'Afrique orientale, où règnent de longues sécheresses, et où toute la flore s'en ressent. Serait-ce la pauvreté du sol qui ne laisse subsister que des herbes? Le pays est tout entier couvert de cette latérite [1] ou argile rouge, que produit la masse décomposée des roches anciennes, lavée par les grandes pluies chaudes de l'équateur. Mais ce sol, bien que privé de la plupart de ses parties solubles, n'est pas toujours et partout dépourvu de bois : c'est ainsi qu'il porte des forêts en plusieurs parties de l'Ouganda. D'autre part, comment expliquer le fait que ces parcelles de forêt vierge ainsi disséminées au milieu de la zone des herbes aient leur faune particulière, identique à celle de la grande forêt de l'Afrique occidentale [2]? Faut-il admettre ici, comme le propose Stuhlmann, un recul de la forêt amené par quelque gigantesque oscillation climatérique, qui se serait traduite, depuis l'époque glaciaire, par une diminution constante des pluies? Cette hypothèse est la seule qui nous paraisse admissible aujourd'hui. Elle a pour elle l'abaissement incontestable du niveau des grands lacs, et les traces d'érosions anciennes observées dans la région de la Semliki [3], traces qui rappellent dans une certaine mesure les phénomènes de ruissellement grandioses dont le Sahara fut le théâtre jadis. Et il n'est pas interdit de chercher une coïncidence entre cette diminution des pluies dans l'Afrique centrale et la grande révolution climatique qui a desséché l'Afrique du Nord. Toutefois la diversité d'aspect de la zone des herbes, steppe grise à broussailles épineuses au sud du lac Albert-Edouard, savane semée d'*Erythrina* et de *Ficus* dans le Karagoué, de parcelles de forêt vierge au sud du lac Albert, entièrement dépourvue de bois dans le pays des Lendou et des A-Lour, ne permet pas d'oublier qu'il y a là un phénomène complexe, dans lequel le sol et le relief ont évidemment leur part. En attendant, on ne peut qu'appeler l'attention des explorateurs sur ce problème et sur tout ce qui peut contribuer à l'éclaircir.

Le nouveau territoire belge entre l'Ouellé et le Bomou.

Les districts annexés par l'État indépendant au nord de son ancienne limite conventionnelle ne peuvent plus réserver aux géographes beaucoup de surprises. Les grandes découvertes ont été faites par

1. Stuhlmann, p. 488.
2. Stuhlmann, p. 263 et carte.
3. Stuhlmann, p. 298, 299.

Junker, dont les multiples itinéraires se croisent entre l'Ouellé et le Bomou. C'est lui qui a reconnu sous ces latitudes la ligne de faîte du versant du Nil, tracé le véritable cours du Bomou, encore rattaché par Schweinfurth au Bahr-el-Ghazal, prolongé de plus de 500 kilomètres celui de l'Ouellé vers l'aval, et découvert entre les deux fleuves deux grandes rivières nouvelles, l'Ouerré et le Bili[1]. Il reste à relever le cours de ces dernières, dont Junker n'a indiqué que l'origine et l'embouchure, et à entreprendre méthodiquement la reconnaissance scientifique du pays. Ce sont surtout les observations géologiques et climatologiques qui manquent aux belles études de Junker. Rarement il indique la nature des accidents de terrain qu'il note sur sa route. Nous ne savons point, par exemple, en quoi consistent les petites falaises qui terminent les terrasses du Bomou supérieur, ni les plateaux pierreux de Zemio à travers lesquels la rivière serpente, ni celui dont l'escarpement brusque domine l'Ouellé près d'Ali-Kobbo. Nous ne sommes pas mieux renseignés sur ces curieuses surfaces rocheuses qui s'élèvent entre le Bomou et le Bili, et font renaître au milieu d'un pays de forêts et de brousses tropicales les steppes nues et presque les hamâdas du désert[2].

Le Dar-Fertit et le Bahr-el-Ghazal.

Notre connaissance de la zone située au nord du Bomou est infiniment plus rudimentaire. Seule, la partie Sud figure sur les cartes avec quelque détail. C'est le territoire des chefs Zemio et Rafai, qui a été traversé en 1883 par Junker, et la région du Bomou inférieur, explorée pour la première fois par Van Gèle (1890) et connue depuis par les levés multiples des officiers belges et français (Voir la grande carte du Congo Français, éditée en 1895 par le ministère des Colonies, et qui marque un réel progrès géographique). De là jusqu'aux confins du Kordofan et du Dar-Four, à cheval sur les deux versants du Congo et du Nil, s'étend un pays aux trois quarts inconnu, où s'est déroulée une des plus curieuses carrières d'aventuriers de ce siècle : c'est le Dar-Fertit et le Bahr-el-Ghazal[3], l'ancien royaume de Ziber. L'histoire de ce pays est trop liée à celle de cet homme pour qu'il ne soit pas nécessaire de la rappeler ici.

Ziber Rahama était un simple commis aux écritures lorsqu'il quitta son patron, un marchand de Khartoum, pour aller s'établir à son

---

1. Voir *Wissenschaftliche Ergebnisse von Dr. Junker's Reisen* (*Peterm.*, *Ergz.*74, 1890.
2. *Hamadaähnliche Wüstenstrecken* (*Junker's Reisen in Afrika*, t. III, p. 457).
3. Ce terme de Bahr-el-Ghazal n'a jamais eu un sens bien précis. Tantôt il désigne le fleuve formé par la réunion du Bahr-el-Arab et le Bahr Djour; tantôt on l'applique à la province que Ziber avait conquise à l'Égypte et qui n'a jamais eu de limites définies.

compte au Bahr-el-Ghazal. C'était l'époque où, à l'abri des grandes *zéribas*[1], des marchands d'ivoire, de petits négociants (*djellaba*) venaient dans ce pays sans maître acheter deux, trois, cinq esclaves, qu'ils allaient ensuite revendre dans le nord. Ziber sut être plus habile que tous. Il échangea sa marchandise contre des armes et des hommes, devint lui-même maître de zéribas : dès 1869, le Dem[2] Ziber s'élevait, hérissé de palissades, près de la ligne de faîte du bassin du Nil. Schweinfurth remontait alors le Bahr-el-Ghazal. Il fut reçu au Dem Ziber; mais s'il put révéler à l'Europe ce Pays des Rivières que draine l'éventail des divers affluents méridionaux du Djour, il n'apprit rien de précis sur les contrées de l'Ouest et du Nord. Or c'est là, dans cette région appelée vaguement Dar-Fertit, pays des razzias, sans maître et sans frontières, que se font dès cette époque les fructueuses opérations de Ziber. Par les zéribas de son lieutenant Rafaï, il tient le pays Niam-Niam jusqu'au delà du Bomou[3]; un autre chef de bande, Rabah — le futur conquérant du Bornou, — exploite pour lui les Sakkaras à l'ouest du Chinko[4]. En même temps, Ziber lève tribut sur les vassaux musulmans du Dar-Four; il force au respect même les féroces Baggara Rizegât, les pillards incorrigibles des rives du Bahr-el-Arab. Dès lors le petit commis de Khartoum commande en maître au Bahr-el-Ghazal. L'Égypte y envoie en 1870 un corps de troupes : Ziber tue le chef et prend les soldats à sa solde; condamné par contumace à Khartoum, il sait rentrer en grâce en achetant tous les moudirs, et continue à envoyer ses convois d'ivoire et d'esclaves à la mer Rouge[5]; il a une armée, des sujets, la ville de Chekka pour capitale; il ne lui manque plus qu'une investiture; il offre alors de gouverner comme moudir d'Égypte la province conquise et soumise qu'il met aux pieds du Khédive !

Conquise et soumise, mais seulement à lui. Lorsqu'après avoir encore acquis à l'Égypte le Dar-Four, Ziber-Pacha est retenu au Caire avec toutes sortes d'honneurs, le Bahr-el-Ghazal s'insurge contre le gouverneur chrétien que lui envoie Gordon. Alors Gessi commence contre le fils de Ziber et l'armée des chasseurs d'esclaves cette longue campagne, qui du Djour devait le mener jusqu'au nord du Bahr-el-Arab et aux extrémités occidentales du bassin du Nil. Quels eussent été pour la science, en d'autres circonstances, les fruits de cette expédition lointaine en pays inconnu? On ne sait. Gessi, absorbé par la poursuite des *djellaba* qu'il pendait par douzaines, n'a guère eu le temps de travailler pour la géographie; il lui arrive de noter dans son

1. Enceintes palissadées.
2. *Dem*, zériba à double palissade.
3. Junker a trouvé le souvenir de Ziber encore vivant chez les Niam-Niam au sud du Bomou (*Reisen*, III, p. 161).
4. Junker, II, p. 51. — *Bohndorff's Reisen 1874-1888* (*Peterm.*, 1885, p. 342).
5. Buchta, *Der Sudan unter ägyptischer Herrschaft*, Leipzig, 1885.

journal des journées de marche sans donner aucun détail sur le pays. Son successeur Lupton s'est épuisé de même à vouloir organiser le Bahr-el-Ghazal. Parti pour explorer la partie occidentale de l'ancien domaine de Ziber, il a pénétré chez les Kredj et les Abanda, dans un pays riche en palmiers à huile, arrosé de deux grandes rivières qui coulaient vers le Sud[1]. Mais sans cesse en route pour maintenir les nègres et les traitants dans l'obéissance, Lupton n'a pu envoyer en Europe que quelques lettres trop brèves[2], et les notes comme la dépouille de ce vaillant homme sont restées au pouvoir du mahdi de Khartoum. Le Dar-Fertit a ainsi continué à garder son mystère. Junker parle bien quelque part de cet arrière-pays dont les produits,

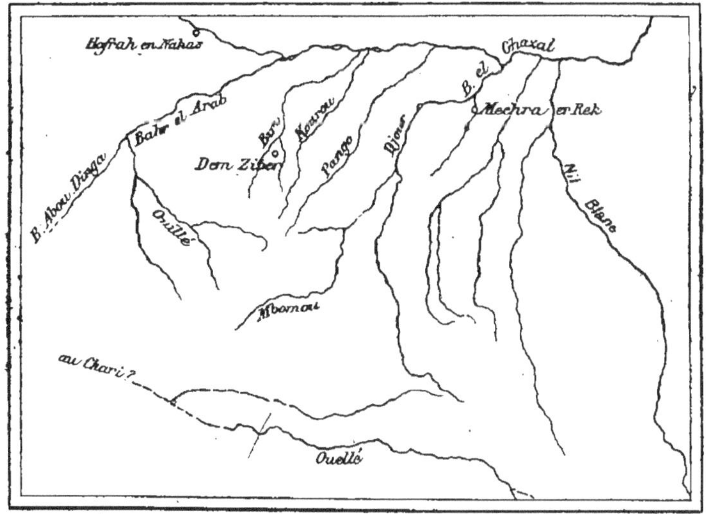

Le Dar-Fertit et le Bahr-el-Ghazal, d'après Schweinfurth.

dit-il, « dépassent en richesse ceux de tous les pays du Haut-Nil[3] » ; mais ce n'est là qu'un ouï-dire : pas plus que Schweinfurth, il n'a dépassé sous cette latitude la limite du bassin du Nil. Une relation confuse du voyage du Dr Potagos, d'El-Obéid au Bomou par Hofrat-en-Nahas[4], un journal de route sommaire tenu par le missionnaire Felkin pendant sa marche de Dem-Ziber à Dara dans le Dar Four[5], enfin une

1. Lettre du 2 nov. 1882 (*Peterm.*, 1883, p. 312).
2. Voir encore *Proceed. R. G. Soc.*, 1884.
3. *Reisen*, II, p. 109.
4. *Voyage à l'ouest du Haut-Nil* (*Bull. Soc. Géog.*, 1880, II, p. 5-51). Le Dr Potagos est allé dans le Sud jusqu'à la zériba de Rafaï, reliant ainsi les itinéraires de Nachtigal et autres à celui de Junker. Malheureusement ses erreurs d'orientation sont si fréquentes, et sa nomenclature si incertaine, que Junker a eu toutes les peines du monde à reconstituer sur place une partie de l'itinéraire de son prédécesseur.
5. Les révérends Wilson et Felkin, retournant de l'Ouganda en Europe, durent, faute de vapeur, prendre à Dem Ziber la route du Dar-Four par Kalaka et Dara, la route de Chekka et du Kordofan n'étant pas sûre (*Uganda and the Egyptian Soudan*, Londres, 1882, tome II).

courte notice du colonel Purdy[1] sur une reconnaissance exécutée dans le sud de ce dernier pays, tels sont les seuls autres documents qui nous soient parvenus encore, avant que ce fantôme de province égyptienne soit rentré dans la nuit.

Cependant quelques informations nouvelles nous arrivent du Bahr-el-Ghazal. Tandis que l'Angleterre se désintéressait de ces provinces du sud-ouest, que dans un rapport resté célèbre, on appelait « une source de pertes pour l'Égypte[2] », d'autres en faisaient le but de « discrets et persévérants efforts ». Dès 1889, un an après l'exploration de l'Ouellé par Van Gèle, l'inspecteur congolais Georges Le Marinel traitait avec Bangasso, le grand chef du Bomou inférieur. En

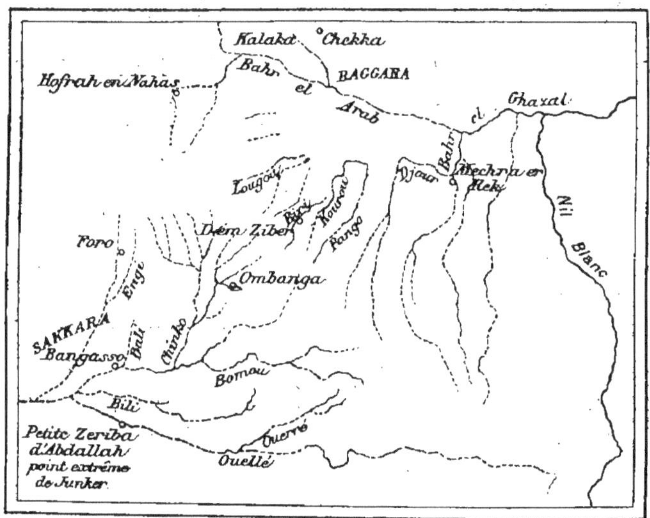

Le Dar-Fertit et le Bahr-el-Ghazal, d'après Junker.

novembre 1894, on apprenait tout à coup[3] qu'un officier détaché de l'expédition de l'Ouellé, M. de La Kéthulle, venait de passer quatre ans à explorer les pays situés entre le Bomou et le Dar-Four. Il avait relevé une partie du cours du Chinko inférieur, gagné dans l'Ouest la station de Bakouma, fondée par Le Marinel, pénétré chez les Kredj où il avait reconnu dans le fleuve Paperouer de Lupton, le Chinko dont Junker déjà pressentait l'origine lointaine[4]. Il avait enfin franchi vers 7° 30′ la crête de partage du Congo et du Nil, et relevé le cours de l'Ada, branche supérieure du Bahr-el-Arab, jusque vers 8° 40′ de latitude Nord. Pendant ce temps, d'autres officiers, Milz, Hanolet, Nilis, fondaient

1. Purdy, *Le pays entre Dara et Heufrah en Nahas* (*Bull. Soc. khédiv. de Géogr. du Caire*, mai 1880).
2. *A source of loss* (Stewart, *Report on the Soudan*, 1885. *Parl. Papers, Egypt*, n° 11, p. 25).
3. *Le Mouvement Géographique*, 15 nov. 1894.
4. *Reisen*, III, p. 269.

des postes, faisaient des reconnaissances. Malheureusement ces cinq années d'exploration, que l'on pressent glorieuses et fécondes, n'ont guère profité jusqu'ici à la géographie. Il semble que la politique du secret, chère à Carthage, soit devenue le mot d'ordre des fonctionnaires congolais qui ont opéré dans cette région. Aujourd'hui encore, après l'évacuation de ce pays remis aux autorités françaises, c'est à peine si l'on sait de certains d'entre eux autre chose que le nom des postes qu'ils ont fondés[1]. C'est par deux lignes de journal qu'il nous est donné de savoir que le capitaine Hanolet a pénétré dans le bassin du Chari, jusqu'au centre de ce Dar-Rouna que n'avaient pu atteindre Crampel ni Nachtigal; et le lieutenant de la Kéthulle est reparti, après un an de séjour en Europe, sans avoir publié autre chose qu'une courte notice sur son séjour chez Rafaï[2].

Un seul document nous apporte quelque lumière, et c'est à M. Wauters que nous le devons. L'infatigable chercheur a combiné les levés de Junker, Van Gèle, Le Marinel, Jullien, Liotard, Vermot, exécutés sur le cours inférieur des affluents de l'Ouellé-Oubangui, avec « un certain nombre de documents provisoires que quelques correspondants obligeants ont bien voulu lui envoyer d'Afrique », et a dressé ainsi une carte hydrographique[3] qu'il est intéressant de comparer aux précédentes.

Il y a vingt ans, la carte de Schweinfurth[4] n'indiquait encore dans ces parages que deux fleuves, le Bahr-Abou-Dinga et le Bahr-Ouïllé des Arabes, tous deux rattachés au Bahr-el-Ghazal. Sur la carte de Junker (1889), le Bahr-Ouïllé a disparu; le Bahr-Abou-Dinga est devenu le Chinko, à l'ouest duquel figurent comme affluents de l'Oubangui les deux fleuves Engi et Foro, traversés en 1882 par Lupton. La ligne de partage du Congo et du Nil se trouve donc reportée vers 8° de latitude Nord. Sur la carte nouvelle, le Chinko perd du côté de l'ouest la ramure d'affluents que lui supposait Junker; M. Wauters y substitue le cours supérieur d'un autre affluent du Bomou, le Bali. Mais c'est surtout le Koto qui étonne par la longueur inattendue de son cours. Loin dans le nord, sur les confins du pays des Kredj et du

1. Trois de ces postes, ceux de Bangasso, Rafaï et Zémio ont été remis aux autorités françaises. Les attaques des Mahdistes avaient déjà fait évacuer ceux de Bakouma et de l'Ada.

2. *Deux années de résidence chez le sultan Rafay* (Bu l. Soc. belge de Géog., 1895, p. 397). — Au moment d'imprimer ces lignes, constatons que les géographes reçoivent un commencement de satisfaction : le *Mouvement Géographique* entame dans son n° du 24 novembre le récit du voyage de M. de la Kéthulle, qu'il avait promis à ses lecteurs il y a un an. Seulement le cadre de cet excellent journal ne se prête qu'à un résumé des découvertes et l'on a besoin en géographie des observations de détail. Espérons que l'État du Congo autorisera enfin, comme d'autres gouvernements, ses fonctionnaires à publier la partie scientifique de leurs rapports.

3. *Le Congo français au nord du coude de l'Oubangui* (Mouv. Géogr., 15 sept. 1895)

4. *Au cœur de l'Afrique*, Paris 1874.

Dar-For, ses sources naissent voisines de celles de l'Ada, et la ligne de partage des deux versants recule encore d'un demi-degré vers le Nord.

Voilà certes des résultats importants; mais que d'incertitudes encore! Nature et relief du sol, flore, faune, nombre et répartition des races, tout reste à élucider ou à découvrir. Nous ne savons point, par exemple, s'il existe réellement un faîte qui sépare les affluents du Chari, du Koto et du Nil. Nachtigal, dans ses informations recueillies au Ouadaï, dit seulement que deux de ces affluents orientaux du grand fleuve sortent l'un du mont (Kâga) Lêlé, l'autre du Kâga Banga, et que ce dernier se trouve dans le pays des Banda Marba [1]. D'autre part,

Potagos, parvenu à Hofrat-en-Nahas, dit avoir vu dans l'Ouest les « hautes cimes » des monts *Marpa* d'où sort une rivière « dirigée vers le sud jusqu'à *Sabanga* dans la région des Banda [2] ». Il y a là, évidemment, deux versions différentes ayant un fond commun de vérité : il existe au Dar-Banda, à l'ouest du bassin du Nil, un relief montagneux, mais dont on ne connaît encore ni la position exacte, ni l'importance. Le terme de *Kâga*, montagne, a parfois un sens très relatif : dans l'est du Dar-Banda on appelle ainsi de simples collines [3]. Et quant aux « hautes cimes » de Potagos, il est prudent de compter avec l'imagination de l'auteur. C'est lui qui appelait

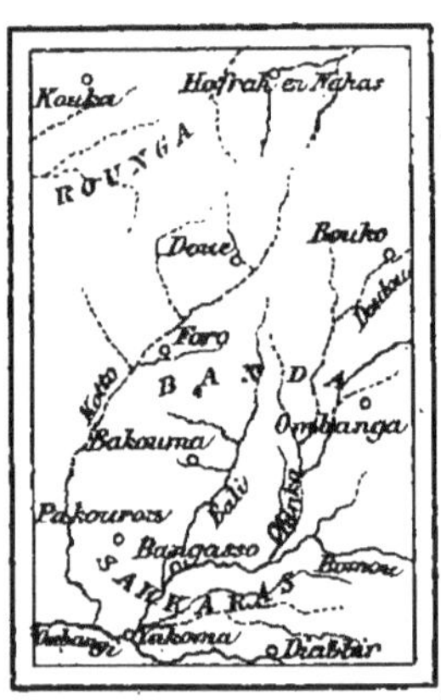

Le Dar-Fertit, d'après la carte de M. Wautors.

fièrement Chaîne de Georges et Monts de la Lune, un groupe de deux éminences qui dominent la vallée du Mbili chez les Niam-Niam [4]. Rien ne prouve donc qu'il existe de ce côté de véritables montagnes.

Or la question offre un intérêt qui n'est pas exclusivement scientifique. On sait quelle importance acquièrent sous les tropiques ces hautes terres où l'Européen peut vivre et se reproduire, et même ces montagnes isolées, où le blanc anémié par les fièvres peut faire une cure d'air pur et reprendre de nouvelles forces. Presque toutes les puissances coloniales se sont préoccupées d'avoir de ces sanatoria. Les Anglais ont les monts du Nyassaland, les Belges le Katanga, les Allemands leur station du Kilimandjaro, à 1 560 mètres au-dessus de la mer, les Italiens leurs villages d'Asmara (2 300 mètres), de Goura et Godofelassi (2 000 mètres), où ils ont déjà acclimaté une

1. *Sahara und Sudan*, tome III, p. 180.
2. Art. cité, p. 21.
3. Ex. le Kâga Djaou, 00 pieds de hauteur relative (*Junker's Reisen*, III, carte 5).
4. *Ibid.*, p. 208.

vingtaine de familles; seul, notre immense domaine de l'Afrique équtoriale ne renferme aucun point dont il soit actuellement démontré qu'il dépasse la zone où la malaria se fait sentir [1]. Ce serait, si le fait se vérifiait, une cause d'infériorité réelle, du moins pour la partie de notre colonie qui est éloignée de la mer.

Le peu que nous savons de l'aspect du pays, de sa flore et de sa faune, permet seulement d'indiquer quelques contrastes dont la raison nous échappe aujourd'hui. Pourquoi les eaux courantes se font-elles de plus en plus abondantes à mesure qu'on s'éloigne du Fleuve Blanc pour se rapprocher de la limite occidentale du bassin du Nil [2]? Comment cette limite, de relief peu marqué au sud de Dem-Bekir, se rouve-t-elle être aussi la frontière d'une flore nouvelle, des palmiers à huile, des *Raphia* et de ces forêts à galerie dont le dôme touffu recouvre tant de rivières congolaises, et qu'on cherche vainement sur le versant du Nil [3]? Serait-ce que dans ces parages les pluies viennent surtout de l'Ouest, et que le golfe de Guinée et le bassin congolais sont le grand réservoir de l'humidité africaine, tandis que l'Afrique orientale plus sèche, avec ses plateaux, ses steppes et ses écrans de montagnes, serait en quelque sorte le prolongement de l'Afrique australe sous l'équateur? Que dire enfin de la présence inattendue de la mouche tsetsé de l'Afrique australe (*Glossina morsitans*) signalée par Felkin dans le district de Foroga, au sud du Bahr-el-Arab [4]? On n'avait vu jusqu'ici une mouche semblable (Glossina?) que chez les Gallas et au Sennaar, et on n'a encore trouvé à cette localisation aucune explication plausible.

Bien entendu, aucune prévision sérieuse n'est actuellement possible en ce qui concerne la valeur et l'utilisation du sol. Fait invraisemblable pour quiconque ne connaît pas l'histoire du Bahr-el-Ghazal, les gisements de cuivre de Hofrah-en-Nahas, célèbres dans tout le Soudan, signalés depuis cinquante ans à l'attention de l'Europe [5], situés en un pays accessible par la voie du Nil, n'ont jamais été l'objet d'une reconnaissance sérieuse, et c'est à peine si deux Européens les ont vus et décrits! Voici les seuls détails utiles qu'il soit bon de connaître jusqu'ici; nous les empruntons à une brève communication faite par Purdy à la Société khédiviale du Caire :

« Les mines de Hofrah, écrit-il, se trouvent à 1 kilomètre sud-ouest

1. Rappelons que des altitudes de 5 à 800 mètres ne préservent pas de la malaria (Staudinger, *Haussaländer* et Junker, *passim*).

2. Es ist eine Breiten-und Tiefenzunahme der Flüsse von Ost nach West nicht zu verkennen (Junker, I, p. 473).

3. Junker, II, p. 146, 148 ; III, p. 270.

4. *Uganda and the Egyptian Soudan*, II, p. 234.

5. Voir Russegger, *Reisen in Europa, Asien und Afrika*, Stuttgart, 1841. — Barth (*Reisen und Entdeckungen*, etc., III, p. 307), raconte que le cuivre de Hofrah évince sur le marché de Kano le cuivre de qualité inférieure que les Arabes importent de Tripoli.

du village (situé lui-même sur la rive droite du Bahr-el-Fertit). Le
filon de minerai est visible sur une distance considérable, sortant au-
dessus de la surface du sol à la hauteur d'environ deux pieds; sa
direction est Nord-ouest-Sud-est. Une longue excavation d'environ
500 pieds de long sur 50 de large a été faite sur une profondeur de
8 à 10 pieds, et à une distance de 30 pieds du côté ouest, on a percé
un puits de 30 pieds de profondeur traversant une substance blan-
châtre argileuse. Les ouvriers n'exploitent pas tout le minerai; mais
seulement la partie la plus riche en cuivre, en carbonate et bicarbo-
nate presque pur. L'extraction du métal s'opère dans de simples
fourneaux d'argile. Les observations faites autorisent à croire qu'on
peut trouver une grande quantité de ce bon minerai. Le filon sus-
mentionné est le seul travaillé aujourd'hui, cependant dans un rayon
de 500 mètres on trouve d'innombrables anciens puits. Le pays est
tout à fait plat, et n'est borné à l'horizon par aucune montagne[1]. »

Comme on voit, ces renseignements ne sont rien moins que précis.
On ne sait même pas quelle est la roche dans laquelle sont encaissés
les gîtes métallifères. Cependant il semble bien qu'il y ait là une mine
susceptible d'exploitation régulière, à en juger par le rendement
considérable — sur ce point les voyageurs sont unanimes[2] — que les
indigènes obtiennent par les moyens les plus primitifs. Observons que
ce gisement de cuivre n'est pas le seul qui appelle l'attention des ingé-
nieurs sur cette région : il y en a d'autres chez les Sakkaras, d'après
une information de Junker[3]. Mais la question qui prime toutes les
autres pour l'avenir économique de ce pays, est celle de ses communications avec le Nil.

Les relations du Congo français avec le Nil.

On a maintes fois décrit les obstacles qui entravent la navigation
du Nil : son cours inférieur obstrué de cataractes par les roches grises
du désert de Nubie, et plus haut, dans les larges plaines où l'eau
paresseuse s'amasse, ces gigantesques barrages d'herbes et de
roseaux, qui, pendant trois mois, en 1880, tinrent la flotte de Gessi pri-
sonnière et firent ainsi mourir 430 hommes de faim. Il n'en est pas
moins vrai que le Nil moyen est le débouché naturel d'une grande
partie de l'Afrique centrale du côté du nord. C'est vers lui et vers
Souakim, sur la mer Rouge, que se portaient l'ivoire et les esclaves
récoltés au Dar-Fertit et au Niam-Niam; c'est par lui, bien plus que
par le Tchad ou la Bénoué trop lointaine, que pourront s'exporter un
jour les produits de la partie orientale du Congo français. Seulement

---

1. *Le pays entre Dara et Heufrah èn Nahas*, p. 9-10.
2. Schweinfurth, *Im Herzen von Afrika*, II, p. 389, etc.
3. *Auch Kupfer wird in dem gebirgigen Land gewonnen* (*Junker's Reisen*, III, p. 258).

jusqu'à quel point les eaux et le terrain favoriseront-ils les transports?

Le Bahr-el-Ghazal, c'est-à-dire le canal d'écoulement des eaux du Bahr-el-Arab et du Djour, présente partout des profondeurs de 6 à 9 mètres[1], et les vapeurs peuvent passer du Nil à Mechra-er-Rek en toute saison. Pendant cinq mois de l'année, d'après les informations données par Lupton, les barques qui n'ont pas plus de cinq pieds de tirant d'eau peuvent remonter la plupart des affluents du Djour[2]. Comme il a été dit, plus on va à l'ouest et plus on trouve d'eau dans ces rivières : tandis que le Waou, par exemple, n'a que deux ou trois pieds d'eau en saison sèche, Felkin a trouvé en décembre le Biri profond de 15 mètres à la hauteur du Dem Ziber[3]. D'après le croquis envoyé par Lupton, le Borou et le Sabou, qui coulent dans le Nord-ouest, permettent de même de remonter en barque jusqu'à une faible distance du faîte de partage du Congo et du Nil. Mais les conditions ne sont pas aussi favorables sur l'autre versant. Le Bomou, qui descend d'une hauteur de plus de 300 mètres, sur environ 500 kilomètres de cours, est un fleuve accidenté de rapides, et coupé vers le confluent par une chute à pic[4]; son tributaire le Bali présente le même obstacle par 6° de latitude, et sur le Koto, la chute de Maba, haute de 25 mètres, a arrêté vers 5°10′ de latitude le vapeur de M. Le Marinel. Reste à savoir si le Koto et le Chinko supérieurs présentent des biefs navigables[5]; mais en tout cas voilà déjà bien des obstacles à l'exportation des produits du bassin de l'Ouellé vers le Nil.

Il n'en serait que plus intéressant de connaître le régime du Bahr-el-Arab, de cette grande rivière dont l'origine est loin dans l'Ouest, au cœur du Dar-Fertit, dans la région où les affluents du Chari prennent leur source et où se trouvent les mines de Hofrat-en-Nahas. Il y aura un siècle bientôt que Browne l'a marqué vaguement sur sa carte, et nous n'en savons pas beaucoup plus long. Aucun Européen n'a relevé son cours; en deux endroits seulement, Gessi et Felkin l'ont franchi. Les Arabes mêmes en racontent peu de chose, car leurs convois n'avaient pas coutume de le suivre et prenaient de préférence la route de Dara ou de Chekka vers le Nord. Aussi les explorateurs n'ont-ils recueilli que des informations vagues et contradictoires.

Schweinfurth croyait le Bahr-el-Arab plus puissant que le Djour. « En aval du confluent, écrit-il[6], le Bahr-el-Ghazal devient tout à coup très profond, si bien que les bateliers ne peuvent plus se servir de leurs

---

1. Junker, II, p. 66.
2. *Proceed. R. G. Soc.*, 1884.
3. Felkin, *Uganda*, II, p. 220.
4. Junker, *Wissenschaftliche Ergebnisse*, p. 12. Cammaert, *Mouv. Géog.*, 1892, p. 77.
5. D'après M. de La Kéthulle, les pirogues remontent le Chinko jusque vers 7°20′ de lat. aux hautes eaux (*Mouv. Géog.*, 9 juin 1895). Lupton y avait trouvé quinze à trente pieds d'eau (lettre, *Peterm.*, 1883, p. 312).
6. *Reise durch Dar-Fertit und auf dem Bahr-el-Ghasal Peterm.*, 1872, p 33, 287.

perches... L'eau reste limpide, le courant devient sensible. Les djellaba qui vont à Chekka me font une description terrifiante des diffi-
cultés qu'offre le passage du fleuve... Même au milieu de l'hiver (saison sèche), les caravanes ne le franchissent qu'à la nage ou sur des
radeaux [1]. » Par contre Felkin qui a passé le fleuve en amont, au sud
de Kalaka, le 20 décembre, raconte qu'il fut très désappointé en le
voyant : « Bien que le lit fût large de 120 mètres, la rivière était très
petite, et avait seulement quatre pieds de profondeur. Elle est la seule
qui ne se dessèche pas entièrement dans la région comprise entre
Liffi et Khartoum [2]. » Purdy, qui a vu le Bahr-el-Arab un peu plus à
l'ouest, et encore plus tard dans la saison sèche (février 1876), y a
trouvé beaucoup d'eau, mais point de courant sensible. A la même
époque, le lit de son affluent le Bahr-el-Fertit était à sec à Hofrat-en-
Nahas [3]. Gessi a franchi le Bahr-el-Arab sur la route de Chekka en
juin 1879, après le début des pluies. A ce moment, la crue n'avait pas
encore rempli la zone d'inondation, qui, sur une largeur de 3 milles,
s'étend au bord du fleuve. L'auteur ne mentionne que quelques mares
d'eau verdâtre, sans qu'il soit possible de savoir s'il entend parler du
lit du fleuve, ou seulement de ses bords [4]. Lorsque Gessi passa le
Bahr, au Sud de Kalaka, un mois plus tard, l'eau était profonde et
mesurait environ 200 mètres de largeur.

Comme on voit, rien de précis ne ressort de ces observations
diverses, si ce n'est que le Bahr-el-Arab est soumis à des oscillations
très grandes, ce que la durée de la saison sèche faisait d'ailleurs pré-
voir. Les quantités d'eau notées sur le cours supérieur, en février et
décembre, ne permettent pas de conclure qu'on puisse alors remonter
jusque-là : l'évaporation diminue toujours en aval le volume des rivières, à moins que des affluents ne leur fassent de nouveaux apports.

Or le Bahr-el-Arab côtoie du côté du nord cette steppe de mimosas
et de broussailles épineuses qui marque la transition du Soudan au
désert, et ne renferme pendant la saison sèche que des lits de torrents
desséchés [5]. Quant aux rivières permanentes que le fleuve reçoit du
Sud, on n'en sait même pas le nombre. Schweinfurth y comprend le
Pongo, le Kourou, le Biri, tandis que Lupton prétend qu'ils vont re-
joindre le Djour. Junker et Felkin n'ont recueilli aucune information
sur le cours d'aval de ces rivières ; Felkin ne sait pas davantage où
vont les cours d'eau rapides qu'il a franchis plus loin dans l'Ouest. On
n'est pas mieux renseigné sur l'importance des branches supérieures

1. Schweinfurth, *Im Herzen von Afrika*, II, p. 388.
2. *Uganda and the Egyptian Soudan*, II, p. 239.
3. Art. cité, p. 9-11.
4. *Sette anni nel Sudan Egiziano*, Milan, 1890, p. 257.
5. Voici ce que dit Felkin après le passage du Bahr-el-Arab : *The character com-
pletely changes. Nothing but scattered acacias, palms and thorn bushes were to
seen* (*Uganda*, II, p. 241).

du Bahr-el-Arab. Potagos en cite trois : le Ridjilo-el-Malem, qu'il considère comme la branche principale, et qui vient des monts Marra du Dar-For; le Bahr-el-Ada qui vient du Sud, et le Boulboul, la rivière de Hofrat-en-Nahas. Nous savons par Purdy que la première et la dernière sont de simples torrents que l'hiver met à sec; d'après lui, le véritable Bahr-el-Arab est une rivière qui passe à une journée au sud de Hofrah, venant de l'Ouest. Serait-ce une branche ignorée de l'Ada, auquel Potagos, Junker et Felkin attribuent d'un accord unanime la direction du sud au nord ? D'autre part, qu'est-ce que cette rivière Mindja ou Mamoun, que Potagos a rencontrée à quelques lieues à l'ouest du Boulboul, et qui, selon lui, devient navigable et va se jeter dans le Châri ? Faut-il rejeter cette information, à l'exemple de M. Wauters, qui fait de la Mindja le tributaire le plus occidental du Bahr-el-Arab et du Nil? Mais alors que devient le témoignage de Purdy qui dans sa marche ne mentionne aucun affluent venant de l'Ouest, en dehors de la rivière de Hofrat-en-Nahas? La Mindja ne serait-elle pas plutôt le fleuve qui draine le Dar-Rouna, l'Aoukadebbé de Nachtigal? Seul, le capitaine Hanolet pourrait peut-être répondre. L'abandon de l'Adamaoua, cédé ultérieurement à l'Allemagne, n'a pas empêché MM. Mizon et Ponel de faire connaître des travaux utiles à la science. Espérons que les vaillants officiers belges seront autorisés à suivre cet exemple et que l'État indépendant ne se bornera pas à enfouir dans ses archives les rapports détaillés où ils exposent le résultat scientifique de leurs efforts. Maintenant, c'est à ceux des nôtres qui vont porter là-bas le drapeau de la patrie lointaine, qu'il appartient de reprendre l'étude de cet intéressant coin d'Afrique où se heurtent les domaines du Congo, du Nil et du Chari. Ou la convention franco-congolaise du 14 août 1894 n'a pas de sens, ou elle implique de notre part l'étude des communications possibles du Congo français avec le Bahr-el-Ghazal et le Nil.

Novembre 1895.

Paris. — Typ. Chamerot et Renouard, 19, rue des Saints-Pères. — 32663.